당신이
이 책을 집어 든 순간

행운이
밀물처럼
밀려오리라.

당신의 꿈에
날개를 달아드립니다.

_____ 님께

_____ 드림

꿈만장자의 Big Dream Skill

드림밀리어네어

달과소

24인의 추천글

이 책은 단순히 '꿈을 꿔라'는 책이 아니다. '꿈을 꾸면 성공할 것이다'라는 책도 아니다. 이 책은 당신의 꿈을 이루려면 어떻게 해야 하는지 생생하게 가르쳐 주는 도구이다. 《드림밀리어네어》가 말하는 네 가지 꿈 실현 방법을 즉시 실천해보라. 성공하는 자는 보고 배우는 자가 아니라 그것을 바로 실천하는 자다. 성공은 실천하는 자의 편이다.

: SK텔레콤 재무관리실 부장 김동섭

"하고 싶다"는 감성을 채워주는 책.
읽다보면 그 감성이 "해야 한다"는 이성으로 바뀐다.

: 화성시 공무원 한재근

책의 처음 몇 페이지를 읽었을 때 한 줄기 따뜻한 빛(RAY)이 내 몸을 감싸고 돌기에 끝까지 읽었다. 꿈을 이루는 방법에 대한 책을 많이 읽어왔기에, 이렇게 쉽고 체계적인 방법을 제시한 저자를 존경하게 되었다. 스마트 시대의 독자들이 이 책의 메시지를 읽고(Read) 실천하여(Act) 그 열매를 마음껏 누리기(enjoY) 바란다.

: 공주교육대 교수 설양환

진로를 고민하는 학생, 이직을 고려하는 청년,
제2의 삶을 시작하려는 어른 모두에게 발을 뗄 용기를 심어주는 책이다.

: 김천대 물리치료학과 교수 송재덕

인생의 전환점을 만들어주는 책은 많지 않다. 나이와 상관없이 자신이 더 나은 모습으로 변화하기를 원하는 사람들이 있다면 이 책을 꼭 읽고 그대로 실천해보라고 권하고 싶다.

: 샤이니오션 그룹 대표 최정원

우리는 많은 꿈을 꾼다. 그러나 그 곳에 이르는 길을 몰라 방황하다가 우리가 꿈을 꾸고 있다는 것조차 잊고 살아가곤 한다. 이 책은 여러분이 잠시 잊었던 꿈에 대한 소망을 다시 일깨우고 그 꿈에 어떻게 도달할 수 있는지를 구체적으로 가르쳐주는 '꿈을 향한 네비게이터'가 될 것이다.

: LG 전자 글로벌HR팀 부장 이종우

언젠가부터 나는 내 눈앞의 목표만 바라보고 집중하였지 꿈은 그다지 관심의 대상이 아니었다. 한때 관심 깊게 읽었던 많은 꿈과 비전에 관련된 책들이 대부분 '꿈은 이루어진다'고 이야기하지만 '그래서 무엇을 어떻게 해야 하지?'하는 질문에 대해서는 별다른 답을 주지 못했던 기억을 갖고 있다. 이 책을 읽으면서 나는 현실감 있는 다양한 사례들과 함께 꿈 실현의 원리와 구체적인 방법들을 접하게 되었고 그 글들은 내게 '이제 네 꿈을 실현하라'라고 강하게 이야기한다.

: 코리아비즈니스컨설팅 비즈니스디비전 팀장 **노준환**

이 책을 통해서 하루하루를 충실하게 살아가는 것이 얼마나 소중하고 가치 있는 일인지 새삼스럽게 깨달을 수 있다. 이 책은 과거를 반성하고 미래를 준비하는 값진 교훈들로 가득 찼다.

: CH엔지니어링 대표 **김창호**

이 책은 꿈을 갖고, 꿈을 실현시키는 방법을 구체화하고 있다. 이 책을 접함으로써 내 인생에 변화를 주는 전환점을 맞이하게 된 것 같다. 책을 펴낸 저자에게 진심으로 감사함을 느끼며, 나 같은 보통 사람들에게 이 책의 전도자가 되고 싶다.

: **자영업 박삼곤**

이 책은 보험업계에서 15년 이상 근무하며 많은 교육과 자기계발서를 읽고 훈련 받은 모든 것을 쉽게 실천할 수 있도록, 하나로 통합하여 만든 훌륭하고 값진 책이다. 꿈을 찾아 고민하고 방황하는 모든 이들에게 추천하고 싶다.

: **교보생명 세일즈 매니저 백연숙**

제가 회사 업무상, 성격상 자기계발 서적을 쉽게 받아들이질 못합니다. 책을 전반적으로 읽고 후반부 에필로그를 읽고 나서야 적어도 저자는 진정한 꿈만장자이구나 싶은 생각을 하게 됐습니다. 많은 분들께서 이 책을 통해 잃어버린 꿈을 꿔보는 기회를 가지시길 희망해 봅니다. 개인적으로 책에 인용된 명언이나 위인의 일화 등이 짧은 지식을 채워주는 데 도움이 되었습니다.

: **새마을금고중앙회 인재개발팀 과장 고준호**

최근 서점가에는 청춘을 위로하는 힐링 도서들이 유행이다. 그런데 이 책은 단순히 '위로'하고 '격려'하는 여타의 책이나 자기계발서와는 달리, 자신이 원하는 것을 직접 '발견'하고, '실현'할 수 있는 구체적이고 독창적인 방법을 제시하고 있어 매우 실용적이라는 인상을 받았다. 추상적인 말을 늘어놓거나, 무언가를 하라고 강요하지 않지만 책을 읽다 보면 자연스럽게 무언가 하고 싶은 의욕이 생긴다. 따라서 '내가 진정 원하는 게 뭐지? 뭘 어떻게 해야 하지?'라는 고민을 가진, 본인을 포함한 수많은 대학생과 젊은이들에게 이 책이 큰 가치가 있다고 확신한다.

: 서울대학교 국어국문학과 4학년 이용하

귀농 4년 차인 내게 이 책은 정말 가뭄 끝에 단비와 같았다. 아직 자리 잡지 못해 고군분투 중인 나에게 다시금 꿈을 향해 달려가도록 충분한 동기부여가 되었다. 어디서부터 다시 시작해야 할지를 소상히 알려준 이 책, 전국의 귀농인 혹은 귀농을 꿈꾸는 모든 분들께 적극 알려주고 싶다.

: 귀농인 최진우

이 책은 인내와 헌신의 소중한 가치를 일깨워주는 값진 글로 가득하다. 저자는 우리 모두가 자신의 잠재력을 최대한 발휘할 수 있는 삶을 살도록 자세히 안내해주고 있다.

: 수원대 언론정보학과 교수 차영란

나와 나의 아내. 각각 다르지만, 정말 간절히 원하는 것들이 있다. 우리 모두 원하는 것이 있을 것이다. 잡히지 않을 것만 같았던 그것을 눈으로 직접 보고, 만지고, 느끼고, 갖기를 원한다면, 이 책을 꼭 읽어보라.

: 성균관대학교 생명과학과 대학원생 이준선

'성공할 수밖에 없는 이유를 만들어 주는 책' 개념과 모습은 다르지만 사람들은 성공을 꿈꾼다. 이 책은 그런 꿈의 실현원리와 그 실현원리를 이끌어내는 4가지 도구를 구체적으로 설명해 주고 있다. 하나 하나 자기 것으로 만들고 실행해 나간다면 꿈은 반드시 이루어 질 것이다.

: 코오롱인재개발센터 인재개발팀 부장 이영선

25년간 자동차를 판매하는 카마스터로 일해왔다. 이 책을 읽으면서, 나의 지혜는 하나가 둘이 되었고, 둘이 넷이 되는 기분이었다. '꿈은 이룰 수 있다'는 답을 알려 주었고, 모든 사람들이 행복한 삶을 살 수 있는 열쇠를 이 책을 펼치는 순간 이룰 수 있는 꿈으로 장식할 수 있을 것이다. 나에게 꿈이 생겼다. '최고의 카마스터'

: 현대자동차 영업 카마스터 구본훈

이 책에서는 우리가 가장 많이 느끼면서도 알아차리지 못하는 미세한 감정의 빛깔을 짚어내는 것이 신선했다. 꿈만장자가 되길 원하는 이들의 손을 잡아주는 따뜻함과 친절함이 이 책에서 느껴진다. 여기서 제시한 매뉴얼대로 따른다면 꿈을 이루어가는 과정에서 자신의 한계를 넘어설 수 있을 것만 같다. 네트워크 마케터로서 이 책을 통해 못다 이룬 꿈을 이루게 되는 가장 큰 수혜자가 될 것 같아서 행복하다.

뉴스킨 네트워크 마케터, 다이아몬드 최유정

매일 매일 똑같은 삶의 연속 같은 주부의 삶. 하지만 그 속에도 분명 꿈이 있고 희망이 있다. 꿈의 실현 방법을 구체적으로 제시한 이 책을, 동지애의 마음으로 주부들에게 적극 권하고 싶다.

: 주부 김혜영

꿈은 이루어진다. 익숙한 말이지만 꿈을 꾸고 그것을 어떻게 하면 이룰 수 있을지 아는 사람만이 누릴 수 있는 기쁨일 것이다. 이 책은 꿈꾸는 자에게 현실적이고 실천 가능한 길을 보여주고 있다. 꿈을 내 것으로 만들고 싶은 모든 이들에게 적극 권하고 싶다.

: 삼성전자 수석연구원 임부택

이 책이 내게 이야기하는 메시지는 바로 이것이다. 꿈을 위해 행동하라 그리고 성취하라! 내가 가진 꿈을 실현시키는 것에 막연함과 두려움을 느끼는 많은 사람들에게 이 책에서 소개하는 몇 가지 꿈 실현 도구를 꼭 공유하고 싶다. 한 페이지 한 페이지를 넘길 때마다 숨겨진 보물을 찾듯 가슴이 두근거린다.

: 순천향대 의료생명공학과 4학년 임진숙

사람은 꿈꾸고 생각하는 대로 살아가는 존재이다. 오늘날 우리 주변에 있는 많은 가치 있는 것들은 누군가가 꿈꾸고 간절히 열망했던 것들의 소산이다. 행복한 삶을 위해서 이 책의 내용을 실천해본다면 꿈은 현실이 될 것이라 믿는다.

: 기아자동차 생산지원팀 차장 임승근

꿈을 가지고 있는 자만이 그 꿈의 실현을 통하여 자기 완성을 할 수 있을 것이다. 젊은 이들에게 꿈을 실현하기 위한 3가지 원동력과 4가지 도구를 이해하기 쉽게 설명한 고산 의 꿈 실현 매뉴얼이야말로 오늘날 이 땅의 아픈 청춘들이 꼭 득템해야 할 매뉴얼이다.

: 경기대 교수, 한국 신뢰성학회 회장 남경현

저자인 이형구 소장님의 인생을 지켜봐 온 오랜 지인(知人)으로서 그분의 삶 자체가 꿈 의 실현이요, 꿈을 구체화시키는 본보기가 되어왔음을 말씀드립니다. 그는 실로 자신 의 인생에서 행복한 꿈을 한 번도 잊은 적이 없었던 진정한 꿈의 설계자요 백만장자였 으므로, 이 책은 여러분들 또한 그런 아름다운 꿈을 지닌 거부(巨富)로 인도해 줄 것임 을 확신합니다.

: 베스트셀러《K 팝 교과서》작가 김종인

　꿈만장자 출간을 준비하던 중 지인의 소개로 북포럼에 참석할 기회가 있었습니다. 북포럼은 매주 한 번, 한 권의 책을 테마로 하는 인터넷 TV 생중계 프로그램으로 몇 명의 진행자들이 다양한 질문을 던지고 작가가 이에 답하는 방식으로 진행을 합니다. 진행자들은 사전에 책을 꼼꼼히 읽고 방청객과 시청자들이 궁금해 할 수 있는 질문을 던지고, 작가는 그에 대답하면서 책에 담긴 본인의 철학을 생생한 목소리로 전합니다. 그 프로그램에 참여하는 동안 언젠가 나도 북포럼에 초청받아 참여할 수 있을 거라는 꿈을 꾸어 보았습니다.

　프로그램이 끝나고 그곳에 참석한 사람들이 서로 인사를 나누는 시간이 있었는데, 여러 분과 인사를 하는 중에 춘천에서 온 어느 영어 학습지 선생님과 인사를 나눌 기회가 생겼습니다. 저에게 어떤 일을 하느냐 묻길래 책을 쓰는 작가이며 조만간 책 출간을 앞두고 있다고 소개하자, 큰 관심을 나타내면서 어떤 류의 책이냐고 물었습니다. 제가 꿈 실현에 관한 책이라고 하자 그분은 더욱 관심을 보이면서 다음과 같이 말을 하는 것이었습니다.

"그 동안 제가 꿈에 대한 자기계발서를 많이 읽어보았지만 대부분 성공한 개인이 자신의 꿈을 이룬 경험을 토대로 풀어 쓴 책이더라고요. 그러면서 자신처럼 꿈을 꾸라고 강력하게 메시지를 전하고요.

꿈 실현의 기법들을 다룬 외국 번역서들도 읽어보았지만 번역자가 그 내용을 완전히 이해하지 못한 채 번역해서 그런지 원래 책이 전하고자 하는 메시지를 제대로 느끼지 못하겠고요. 또 그 기법에 따라 직접 적용해보려고 해도 그렇게까지 구체적으로 소개해주는 책은 없는 것 같고…."

저도 그 말에 십분 동감하며 바로 그런 이유에서 제가 선생님같은 분들의 욕구를 충족시켜주기 위해 꿈 실현에 관한 실천서를 쓰게 되었다고 하자 그분은 기뻐하면서 제 책이 나오면 꼭 사서 읽어보고 싶다고 말했습니다.

만약 당신도 이 이야기에 언급된 선생님과 같은 느낌을 갖고 있다면 이 책이 바로 당신을 위한 책입니다. 만약 당신이 꿈에 관한 자기계발서에 식상해 있다면 이 책이야말로 전에 다른 책에서 느껴보지 못한 신선한 느낌과 충격을 안겨줄 것입니다. 만약 당신이 꿈 실현에 관한 책을 처음 접하고 있다면, 당신은 정말 행운의 기회를 만난 것입니다.

이 책은 읽는 것만으로도 충분히 독서의 즐거움을 줄 것입니다. 하지만 이 책에서 제시된 방법에 따라 당신 자신에게 적용하려고 노력하는 순간 당신의 삶은 바뀌기 시작할 것입니다. 당신은 좀 더 담대한 꿈에 도전하고 싶어질 것입니다. 좀 더 많은 꿈을 꾸며 이를 실현시켜갈 것입니다. 당신은 좀 더 빨리 꿈을 실현시키는 쾌감을 경험하게 될 것입니다. 당신은 꿈을 실현시키는 과정이 그리 힘들지 않다는 것을 깨닫게 될 것입니다. 결국 당신은 가슴 설레는, 아름답고 충만한 삶을 살게 될 것입니다.

이 책을 쓰는 동안 영감의 근원이 된 많은 작가분들과 무엇보다 제 신앙의 근원이신 주님께 감사드립니다. 마지막으로 이 책을 읽게 될 미래의 독자들에게 감사드립니다. 여러분들이 이 책을 읽음으로써 누리게 될 더 나은, 아름답고 충만한 꿈만장자로서의 삶을 가슴 설레는 마음으로 그려봅니다.

2013년 9월 고산 이행구

CONTENTS

제1장

꿈 실현의
3가지 원동력

우리가 간절히 원하면
우리의 뇌는 그 원하는 것을 이루어주기 위해서
우리의 몸까지도 원하는 상태로
변화시킬 수 있는 능력이 있습니다.

당신이 어쩔 수 없이 절박한 상황에 놓여 있다면
이를 당신이 원하는 것을 얻을 수 있는
좋은 기회로 삼으십시오.

왜냐하면 절박감은
당신이 원하는 것을 더 빨리 얻게 해주는
원동력이 되기 때문입니다.

사자와 가젤의 달리기 차이

간절한 꿈이 있는 사람에게 그 어떤 것도 장애물이 되지 못한다.
그 어떤 것이 장애물이 된다는 것은 자신의 꿈이 간절하지 않기 때문이다.

− 《청춘아, 너만의 꿈의 지도를 그려라》 중에서 −

"아프리카에서는 매일 아침 가젤이 잠에서 깬다. 가젤은 가장 빠른 사자보다 더 빨리 달리지 않으면 죽는다는 사실을 알고 있다. 그래서 그는 자신의 온 힘을 다해 달린다.

아프리카에서는 매일 아침 사자가 잠에서 깬다. 사자는 가젤을 앞지르지 못하면 굶어 죽는다는 사실을 알고 있다. 그래서 그는 자신의 온 힘을 다해 달린다."

《마시멜로 이야기》에 나오는 내용입니다.

이 상황에서 사자는 가젤을 잡을 수 없습니다. 사자와 가젤의 달리기 속도에서도 차이가 나겠지만, 그것보다 더욱더 중요한 차이가 있습니다. 그것은 바로 '간절함'의 차이입니다. 사자는 한 끼 식사를 때우기 위해 달리는 것이지만, 가젤은 잡히면 죽는다는 절박한 마음으로 달리기 때문입니다.

그러면 사자는 굶어 죽을 수밖에 없는 것일까요? 거기에 묘미가 있습니다. 이제 사자가 가젤을 계속해서 잡지 못해 굶어 죽을 수밖에 없는 상황이 되면 둘 다 절박하게 됩니다. 사자는 굶어 죽지 않기 위한 절박함, 가젤은 잡혀 죽지 않기 위한 절박함으로 달리게 됩니다. 이때부터 가젤은 순간적으로 방심하거나 실수를 하게 되면 잡혀 죽게 됩니다.

동물의 세계에서 사자가 간절함으로 원하는 먹이를 얻듯이, 간절함은 우리 인간에게도 원하는 꿈을 이루게 해주는 첫 번째 원동력이 됩니다. 간절함의 힘은 참으로 대단합니다. 간절함은 당신의 잠자던 90%의 잠재능력을 깨워 생각지도 못한 초능력을 발휘하게 할 수 있습니다. 간절함은 당신이 원하는 것을 이루도록 다른 사람의 마음을 움직일 수도 있습니다. 《연금술사》의 저자인 파울로 코엘료는 당신이 간절히 원하면, 온 우주도 당신이 원하는 것을 얻도록 도와준다고 말합니다. 그렇습니다. 당신이 간절히 원하는 것은 이루어집니다.

그런데 그 간절함도 느낌의 강약에 따라 네 가지로 나누어 볼 수 있습니다. 모두 우리가 원하는 것을 이룰 수 있게 해주지만, 그 느낌의 강약에 따라 그 이루는 시기가 달라질 수 있습니다.

첫째는 강렬한 욕망입니다. 강렬한 욕망은 아주 강력하게 원하는 것을 얻고자 하는 마음입니다. 이것은 가장 낮은 수준의 간절함입니다.

'나는 정~말 그것을 원해!'라는 말로 표현할 수 있습니다. 우리가 보통 꿈을 꿀 때는 이러한 강렬한 욕망에서 시작합니다.

둘째는 절실함입니다. 절실함은 절대적으로 필요하고 중요하다고 느끼는 것입니다. 이것은 '나는 그것을 얻지 않으면 안 돼!', '나는 누구보다도 더 그것이 꼭 필요해!'라는 말로 표현할 수 있습니다. 절실함은 어린아이들이 갖고 싶은 것을 보면 엄마에게 떼를 쓰기 시작하는데, 10번도 넘게 "안 돼"라고 말해도 절대로 포기하지 않는 마음입니다. 눈물을 흘려가면서 막무가내이기 때문에 엄마도 어쩔 수 없이 두 손 두 발 다 들고 결국 아이들의 말을 들어주게 됩니다. 절실함은 바로 이런 어린아이들이 갖고 있는 느낌이라고 볼 수 있습니다.

셋째는 절박감입니다. 절박감은 여유가 없는 상황에서 겪는 느낌입니다. 이것은 '나는 그것을 얻지 못하면 죽을지도 몰라!'라는 말로 표현할 수 있습니다. 절박감은 벼랑 끝에 몰린 듯한 느낌으로 더 이상 물러설 곳이 없어 반드시 원하는 것을 얻지 않고서는 안 되는 상황에서 경험하는 느낌입니다.

넷째는 긴박감입니다. 이것은 아주 절박한 느낌으로 조금의 여유도 없는 상황을 의미합니다. 이것은 '나는 무슨 일이 있어도 그것을 지금 바로 얻어야 해!'라는 말로 표현할 수 있습니다. 긴박감은 지금 당장 해결하지 않으면 위험해 지거나 목숨까지 잃을 수 있는 아주 다급한 상황에서 경험하는 느낌입니다. 이런 상황에서는 초인적인 힘이 발휘되는 기적 같은 일이 일어나기도 합니다.

당신에게도 간절히 원하는 꿈이 있습니까?

그 꿈이 무엇인가요?

그 꿈이 이루어지기를 얼마나 간절히 원하고 있나요?

다음의 이야기들은 간절히 원하면 이루어진다는 것을 보여주는 몇 가지 사례입니다. 이 이야기들을 읽으면서 자신이 지닌 간절함의 정도를 느껴보시기 바랍니다.

혹시 아직 간절히 원하는 꿈이 없는 분도 있을 것입니다. 걱정하지 마십시오. 이 책을 계속 읽어나가면서 이 책의 지혜에 따르다 보면 당신도 간절히 원하는 꿈을 찾게 될 것입니다.

상상임신

풍족한 게 좋은 것만은 아니라는 생각이 들어요.
많은 걸 가진 사람은 '무언가를 꿈꾸는 게' 그렇게 강렬하지 않은 것 같아요.
그러나 그것들을 가지지 못한 사람은 절실한 꿈을 꾸고, 그걸 이루기 위한 노력을 하죠.
조금 부족하고 모자란 것은, 그것을 채우려는 노력을 더 강하게 한다고 생각합니다

— 영화 〈우리 생애 최고의 순간〉 제작자 심재명 대표 —

여러분은 상상임신에 대해 들어본 적이 있습니까? 혹시 주변에서 상상임신을 한 분들에 대한 이야기를 들어본 적이 있습니까? 단어 그대로 생각한다면 상상임신이란 우리의 머릿속에서만 임신했다고 상상하면서 임신부의 기분을 경험하는 것으로 생각할 수 있습니다.

하지만 상상임신은 머릿속에서 상상하는 그 경험 이상을 의미합니다. 이것은 실제로 신체적인 변화를 일으킵니다. 임신을 한 것이 아닌데 임신했을 때와 똑같이 월경이 멈추고, 배가 불러오는 현상이 나타납니다. 얼마나 신기한 일입니까?

의학자들은 상상임신의 정확한 원인이 아직 명확하게 밝혀진 바는 없다고 합니다. 하지만 그중에서 가장 두드러진 이유 한 가지를 들라고

한다면 결혼한 난임 여성들이 아기를 갖고 싶어하는 절실한 마음 때문이라고 합니다.

아기를 갖고 싶은 마음이 절실하면 이것이 실제로 뇌의 시상하부와 뇌하수체에 영향을 주어 임신과 관련된 호르몬을 분비시켜 상상임신에서 나타나는 생리적인 변화를 일으킨다는 것입니다.

그 결과 상상임신을 한 여성들은 정상적인 임신을 한 여성들과 거의 구분이 안 될 정도로 유사한 현상을 보입니다. 월경이 멈추고, 배가 불러오는 현상은 일반적인 현상입니다. 또한 유방의 크기와 형태에서도 변화가 일어나고, 심지어 모유까지 나오는 경우도 있습니다.

게다가 상상임신을 한 지 4~5개월 된 여성들의 경우 있지도 않은 태아의 움직임까지 느끼는 경우도 있습니다. 물론 지금은 초음파 검사로 태아를 직접 눈으로 확인할 수 있기 때문에 문제가 되지 않지만, 과거에는 그 증상이 너무도 생생하여 의사들조차도 오진하는 경우가 있었다고 합니다.

상상임신의 예에서 보았듯이 간절히 원하면 우리의 뇌는 그 원하는 것을 이루어주기 위해서 우리의 몸까지도 원하는 상태로 변화시킬 수 있는 능력이 있습니다.

'우리의 뇌가 우리의 몸을 절실히 원하는 상태로 변화시켜준다!'
이 얼마나 놀라운 사실입니까!

이 예는 우리에게 시사하는 바가 많습니다. 만약 당신이 최고의 세일 즈맨이 되기를 간절히 원한다면, 무한능력을 지닌 당신의 뇌가 전폭적으로 도울 것입니다. 최고의 세일즈맨이 갖추고 있는 출중한 능력들을 당신도 가질 수 있도록 몸에 변화를 일으켜 줄 수도 있다는 이야기입니다. 하지만 여기서 중요한 점은, 당신이 먼저 간절히 원해야 한다는 것입니다.

절박함으로 칼을 잡다

꿈을 실현할 수 있는 가능성은 누구나 다 가지고 있다.
그 가능성은 바로 '절박함과 간절함'이다. 꿈을 갖되, 그 꿈이 간절해야 한다. 아니 절박해야 한다.
그것 외에 선택의 여지가 없어야 하며, 그것이 아니면 더 이상 물러날 자리가 없어야 한다.
꿈이 위태롭거나 위협을 받게 되면 신기하게도 꿈은 더더욱 강해지고 선명해진다.

– 《가슴이 시키는 일 실천편》 중에서 –

힐튼 호텔의 주방을 30년 넘게 든든히 지키고 있는 박효남 셰프, 그에게는 항상 최고, 최초, 최연소라는 수식어가 따라 붙습니다. 프랑스 사람보다 더 프랑스 요리를 잘해서 프랑스 정부로부터 훈장을 받은 요리사, 권위 있는 요리경연에서 여러 차례 상을 거머쥔 세계적인 요리사, 우리나라 요리사로서는 처음으로 외국 항공사의 퍼스트클래스 기내식 메뉴를 개발하기도 한 그는 새로운 길을 두려워하지 않는 작은 거인으로 불립니다.

이렇게 화려한 경력을 자랑하는 그도 시작은 보잘것없었습니다. 박효남 셰프는 어린 시절 집안 형편이 넉넉지 않아 아버지가 운영하는 작은 연탄가게 일을 돕고는 했는데, 가족들을 위해 한여름에도 연탄을 옮기는 아버지의 모습을 곁에서 지켜보게 되었습니다. 아버지 이마 위에 송글송글 맺혀 있는 검은 땀방울까지도 말입니다. 그것을 본 소년 박효남의 마음에는 부모님을 편안하게 해드려야겠다는 뜨거운 결심이 생겨납니다.

박효남 셰프는 집안 형편이 좀처럼 나아지지 않자 두 동생들을 위해 고등학교 진학을 포기하고 사환으로 돈을 벌기 시작했습니다. 하지만 마음 한 켠에는 뭔가 기술을 배우고 싶다는 생각이 늘 있었습니다.

그러던 어느 날 시내에 나왔다가 집으로 가기 위해 버스를 타려고 기다리던 중 요리학원 간판이 눈에 들어왔습니다. 요리학원으로 들어가는 사람들이 드문드문 보였는데, 남자들은 좀 머뭇거리는데 반해 여자들은 떳떳하게 들어가는 걸 보고 왠지 모를 호기심이 생겼습니다. 이 우연한 호기심은 박효남이 꿈을 찾게 된 소중한 계기가 되었고, 훗날 박효남 중졸 성공 신화의 출발점이 됩니다.

그는 요리학원에 등록한 뒤 남들보다 열심히 요리를 배우고 노력한 결과 3달 만에 조리사자격증을 취득하게 되었습니다. 이제 자격증을 땄으니 본격적으로 취업을 준비하던 박효남에게 중졸 학력은 크나큰 걸림돌이었습니다. 하지만 평소 학원 수업이 끝나고도 한참을 남아서 공부하고, 연습하고, 청소하던 그를 눈여겨 보셨던 학원장님의 적극적인 추천으로 그는 국내 굴지 호텔의 주방보조로 취업할 수 있는 행운을 얻게 됩니다.

박효남이 처음 시작한 일은 주로 주방의 허드렛일을 거드는 것이었습니다. 그가 하는 일은 특별할 게 없는 사소한 일에 불과했지만, 주방 안에서 벌어지는 요리 과정들을 지켜보는 것이 하도 신기하고 재미있어서 시간 가는 줄도, 힘든 줄도 몰랐습니다. 출근을 앞둔 밤, 잠자리에 가만히 누워 있으면 두근두근 가슴이 설레어오기까지 했습니다. 마치 소풍 가기 전 날의 어린아이 마음처럼 내일이 빨리 오기를 기다리는 것과 같은 마음이었습니다.

요리사로 성공하기 위해 그가 반드시 넘어야 할 산이 있었습니다. 그것은 바로 칼을 잘 다루는 기술이었습니다. 그것의 첫 관문은 감자를 빨리 그리고 잘 깎는 것이었습니다.

하지만 박효남에게는 요리사가 되는 데 치명적인 결함이 있었습니다. 어렸을 때 소 여물을 만들다가 잘못하여 오른손 검지 손가락이 잘려나간 것입니다. 그러니 칼을 잘 다룰 수가 없어서 감자를 빨리 제대로 깎을 수가 없었습니다. 고참으로부터 그런 손 가지고는 이 바닥에서 요리사로 살아남을 수 없으니 빨리 다른 일을 알아보는 것이 좋겠다는 실망의 말도 들었습니다.

불가능할 것처럼 보이는 이 상황을 극복해갈 것인가, 아니면 이제 포기하고 다른 일을 찾을 것인가라는 기로에 놓여 있었습니다. 무력하게 이대로 물러설 수 없었습니다. 그는 절박한 심정으로 어떻게 하면 감자를 빨리 잘 깎을 수 있을까 고민 고민하다가 한 가지 방법을 생각해내게 되었습니다.

어디서든 연습이 가능한 삶은 계란을 손에 쥐고 감자 깎는 연습을 하는 것이었습니다. 그래서 그는 출퇴근하는 버스 안이나 다른 어느 곳에 있든 간에 시간이 날 때마다 삶은 계란을 손으로 돌려가며 감자 깎는 훈련을 죽어라 했습니다. 심지어 자는 도중에도 잠꼬대 대신 손으로 감자를 깎는 시늉을 할 정도였습니다.

그러던 어느 날 호텔에 갑자기 귀한 손님들이 방문했고, 식사 준비로 감자 한 박스를 급히 10분 내에 깎아야만 하는 상황이 일어났습니다. 이때를 놓치지 않고 박효남은 평상시 연습해 온 실력을 유감없이 발휘했습니다. 다른 동료에 비해 엄청나게 빠른 속도로, 주어진 시간 내에 감자를 모두 깎을 수 있었습니다.

박효남이 일궈낸 작은 결실에 그를 차갑게 대하고는 하던 선배 요리사의 얼음장 같은 시선이 조금씩 누그러지기 시작했습니다. 성실한 모습, 하나라도 더 배우려고 노력하는 그의 모습이 선배들 눈에도 들어오기 시작한 것입니다. 차츰 선배 요리사들에게 그는 '가르쳐 주고 싶은 후배'가 되었습니다.

절박한 상황은 당신 스스로 만들기가 쉽지는 않습니다. 아니, 당신은 도리어 이런 절박한 상황에 놓이기를 원하지 않을 것입니다. 만약 당신이 어쩔 수 없이 절박한 상황에 놓여 있다면, 이를 당신이 원하는 것을 얻을 수 있는 좋은 기회로 삼으십시오. 왜냐하면 절박감은 당신이 원하는 것을 더 빨리 얻게 해주는 원동력이 되기 때문입니다.

궁즉통, 한계를 넘어서는 간절한 염원

그는 꿈을 놓지 않았고,
그가 포기하지 않자 그의 꿈도 그를 포기하지 않았다.

－《크리티컬 매스》 중에서 －

하늘 천(天), 따 지(地), 검을 현(玄), 누를 황(黃)
하늘은 깊고 아득하여 검게 보인다.
땅은 흙 때문에 그 빛이 누렇다.

집 우(宇), 집 주(宙), 넓은 홍(洪), 거칠 황(荒)
하늘과 땅은 우주를 이룬다.
우주는 넓고 커서 끝이 없고 아무 것도 살고 있지 않아 거칠다.

이 8개의 한자는《천자문千字文》의 첫 장을 여는 문장입니다. 하루 만에 만들어졌다는 놀라운 전설이 담겨 있는 이 책은 중국의 주흥사라는 학자가 1,000개의 한자를 가지고, 한 문장에 4글자씩을 활용하여 지은 250수의 시를 한 권의 책으로 엮은 것입니다.

때는 바야흐로 중국 남북조 시대 양나라 초대 황제인 무제가 통치하던 시절의 일입니다. 평상시 무제는 책을 읽으면서 1,000개의 글자로 된 책을 만들고 싶어했는데, 가장 기본이 되는 글자 1,000개를 모아두긴 했지만 이를 제대로 활용하지 못하고 있던 상황이었습니다. 그 당시 학식과 재능이 뛰어난 주흥사라는 학자가 죄를 짓고 사형에 처하게 되자 무제는 그런 그에게 살 수 있는 한 가지 조건을 제안했습니다.

"주흥사, 내 너의 재능과 학식을 귀히 여겨 네게 살 방법을 알려주겠다. 그동안 모아둔 1,000개의 글자를 가지고 사언시四言詩를 짓되, 그 시구 중에 한 글자라도 중복되는 것이 있다면 너는 목숨을 부지할 수 없을 것이다. 시간은 단 하루만 허락하겠노라."

주흥사는 처음에 이 제안을 듣고 너무나 황당했습니다. 하지만 그 제안을 거부하면 당장 죽을 수밖에 없는 긴박한 상황이었습니다. 조금도 지체할 여유가 없었습니다. 주흥사는 살고 싶은 간절한 마음으로 하얗게 밤을 지새워가며 그 일에 몰입했습니다. 이러한 사실을 알고 있는 모든 사람들은 주흥사가 결국 그 일을 해낼 수 없을 것이고, 내일이면 참형을 면치 못할 것이라며 안타까워했습니다.

하지만 '궁즉통窮卽通'이라고 했던가요? 궁하면 통하게 되어 있다고, 어떻게 그 문제를 풀어야 할지 처음에는 깜깜했지만 살아야겠다는 마음이 아주 절실하였기에 그의 머릿속에 잠들어 있던 잠재능력이 깨어나기 시작했습니다. 4글자로 만든 문장이 하나씩 보태져 어느 새 996개의 글자, 249개의 문장이 완성되었고 이제 마지막 한 문장만을 남겨 두고 있었습니다.

어려운 과업도 이제 그 끝이 보이는 것 같았지만 1,000개의 글자를 모두 활용해 책을 만드는 일은 결코 녹록지 않았습니다. 대미를 장식할 마지막 문장이 좀처럼 생각나지 않았던 것입니다. 주흥사는 점점 마음이 초조해졌고 아무리 고심해 보아도 마땅한 문장이 떠오르지 않자 자신의 모자람을 깊이 탄식하게 되었습니다. 하지만 목숨을 건 주흥사의 절박한 마음이 하늘까지 닿았던 걸까요? 고심하고 있던 그 앞에 홀연히 귀신이 나타나 언재호야焉哉乎也 이렇게 네 개의 글자를 불러주고는 이내 사라졌습니다. 이것은 그의 목숨을 지켜준 마지막 문장이었습니다.

하늘과 땅, 우주를 논하던 첫 문장부터 의미없는 헛말로 이루어진 마지막 문장에 이르기까지 1,000개의 글자를 토대로 자연, 도덕, 인륜의 이치를 담은 천자문이 완성되었습니다. 하룻밤 동안 온 마음을 다해 자신의 역량을 쏟아부은 주흥사의 머리는 하얗게 새어버렸고, 그리하여 천자문은 백수문白首文이라는 별칭도 함께 얻게 됩니다.

무제는 주흥사가 하루 만에 만들어낸 책을 보고 경탄을 금할 수 없었습니다. 아마 여러 뛰어난 학자들이 모여서 이 과제를 수행한다 해도 몇 달은 족히 걸릴 일을 혼자서 하루 만에 해내다니 그것은 기적과도 같은 일이었습니다. 결국 주흥사는 죽음을 면하게 되었습니다.

주흥사가 살아난 것은 그에게 살고 싶다는 간절한 마음이 있었기에 가능했던 것입니다. 조금도 여유가 없는 긴박한 상황에서 그는 온 우주의 도움을 끌어당겨 역사에 남을 위대한 책을 완성하게 되었습니다.

간절히 원하면 기적이 일어날 수 있습니다. 당신도 그 기적의 주인공이 될 수 있습니다.

가능하게 만드는 힘,
불가능하게 만드는 힘

마음은 무엇을 믿든지 그 믿음 그대로 해낸다.

– 나폴레옹 힐 –

　바실리 알렉세예프는 러시아의 슈퍼헤비급 역도선수로 매번 기록을 경신하며 세계 역도계의 떠오르는 별이 되었습니다. 그런데 그의 신기록 행진이 그만 250㎏에서 멈추고 말았습니다. 왜 그런 것이었을까요?

　사실은 그 당시 학계에서 발표한 주장 때문이었습니다.

　"인간이 들 수 있는 역기의 최고 무게는 250㎏이다. 그 무게를 초과해서 드는 것은 불가능하다. 초과해서 들려고 하다가는 몸에 무리가 와 선수 생활에 문제가 생길 수 있다."

　이 주장이 알렉세예프에게 영향을 미쳤습니다. 그는 학계의 주장을 사실로 받아들였고, 그것이 그의 믿음이 되어버린 것입니다. 신기하게도 그때부터 그는 더 이상 250㎏을 초과해서 들 수 없었습니다. 아무리 노력을 해도 효과가 없었습니다. 250kg이 한계였습니다. 그의 능력의 한계 때문이 아니라 그의 믿음의 한계 때문이었습니다.

알렉세예프와 상담하면서 이러한 정황을 알게 된 한 심리학자가 그의 코치를 만나 아주 간단한 조언을 해주었습니다.

"이렇게 해보시죠. 알렉세예프가 알아차리지 못하게 역기 위에 250.5kg을 올려놓고, 그에게는 250kg라고 말한 다음 한번 들어보게 하세요."

이후 놀라운 일이 벌어졌습니다. 사실을 모르고 있던 알렉세예프가 250.5kg을 들어 올렸던 것입니다. 물론 그는 자신이 250kg을 들어 올린 것이라고 생각했을 것입니다. 나중에 코치가 그 사실을 알려주자, 알렉세예프는 바뀌기 시작했습니다.

그동안 자신의 생각을 지배해왔던 믿음이 깨지면서 새로운 믿음이 자리 잡게 되었습니다. 학계의 주장은 잘못되었고, 인간이 들 수 있는 무게의 한계는 정해진 것이 없다는 믿음이 그의 마음속에 굳게 자리 잡게 된 것입니다. 그때부터 알렉세예프는 7년 동안 무려 80차례나 세계 신기록을 경신했습니다.

역기의 실제 무게 250.5kg은 바뀌지 않았습니다. 단지 역도 선수가 생각하는 무게만이 250kg로 바뀌었을 뿐입니다. 생각의 무게만이 아주 약간 달라져 있었을 뿐인데, 알렉세에프게는 그것이 크나큰 영향을 주었습니다. 생각의 무게가 무거웠을 때는 들지 못하다가 생각의 무게가 가벼워지자 이것을 간단히 들어버리는 기적 같은 일을 행한 것입니다.

어떻게 이런 일이 가능했던 것일까요? 그것이 바로 믿음의 힘입니다. 믿음은 당신이 원하는 꿈을 이루게 해주는 두 번째 원동력이 됩니다. 모두 믿은 대로 이루어집니다. 가능하다고 믿으면 가능하게 되고, 불가능하다고 믿으면 불가능하게 되는 것입니다. 즉, 믿음은 가능하게 만드는 힘이면서, 또한 불가능하게 만드는 힘이기도 합니다.

그렇다면 모든 것을 가능하게 만드는 믿음이란 무엇일까요?《네 안에 잠든 거인을 깨워라》의 저자인 앤서니 라빈스는 "믿음이란 어떤 것에 대해 갖고 있는 확실한 느낌이다"라고 정의했습니다. '확실한 느낌'은 의심이나 두려움의 느낌과는 반대되는 신뢰의 좋은 느낌입니다. 만일 당신이 '난 똑똑해!'라고 믿는다면, 이것은 '난 내가 똑똑하다는 사실을 확실히 느끼고 있어!'라고 말하는 것과 같습니다.

그런데 당신이 '난 똑똑해!'라고 생각하거나 말할 때, 마음속에서 갑자기 '네가 똑똑하기는 뭐가 똑똑해!'라는 의심의 생각이 떠오른다면, 당신은 진정으로 믿고 있는 것이 아닙니다. 믿음은 우리의 겉마음과 속마음이 일치되는 상태를 의미합니다. 겉마음이 '난 똑똑해!'라고 생각하거나 말할 때, 우리의 속마음도 어떤 의심이나 두려움의 표현 없이 '그래, 난 똑똑해!'라는 대답이 바로 튀어 나올 때 진정한 믿음을 갖고 있는 것입니다.

그렇다면 우리의 이런 믿음은 어떻게 만들어지는 걸까요? 이 세상에 처음 태어났을 때 우리는 어떤 정보라도 받아들일 수 있는 순수한 상태였습니다. 그런 순수한 상태에서 우리의 믿음에 가장 많은 영향력을 미치는 사람은 당연히 부모님이겠죠. 또한 형제자매, 친구, 선생님, 종교지도자, 언론매체 등을 통해서도 많은 영향력을 받을 수 있습니다. 이

들을 통해 수없이 반복해서 듣고, 보고, 경험한 것들이 자연스럽게 우리의 믿음으로 자리 잡게 되는 것입니다.

그렇다면 우리가 지닌 믿음이 잘못된 것이라면 어떻게 해야 하나요? 그 잘못된 믿음을 영영 바꿀 수 없는 것인가요? 물론 그렇지 않습니다. 바꿀 수 있습니다!

바실리 알렉세예프의 예에서처럼 처음에 그는 학계의 잘못된 믿음을 받아들였습니다. 하지만 그 잘못된 믿음 때문에 그는 자신이 지닌 잠재력을 더 이상 발휘할 수 없었습니다. 알렉세예프가 자신의 잠재력을 발휘하도록 하기 위해 코치가 사용한 방법은 거짓을 사실인 것처럼 꾸미는 것이었습니다.

250.5kg의 역기를 250kg이라고 알렉세예프에게 거짓말한 것이죠. 그는 늘 들어왔던 무게였기 때문에 어떤 의심도 하지 않고 역기를 들어올렸습니다. 그리고 알렉세예프가 이것이 거짓말이라는 것을 알게 되었을 때, 그의 믿음은 일순간 바뀌었습니다. 그 후 알렉세예프는 7년 동안 세계 신기록의 행진을 이어나갈 수 있었습니다.

이러한 방법은 의학계에서도 환자 치료에 적극 활용하고 있습니다. 의사가 환자에게 가짜 약을 건네면서 진짜 약이라고 말하면, 환자들은 가짜 약을 복용하고서도 진짜 약과 유사한 효과를 얻는다는 것이 이미 오랜 실험으로 입증되었습니다. 이것을 위약효과 또는 플라시보 효과라고 부릅니다. 환자가 가짜 약을 진짜 약이라고 믿으면 가짜 약도 마치 진짜 약처럼 효능을 발휘한다는 것이죠. 이는 인간의 몸에 치유 잠재능력이 있다는 것을 입증하는 것이기도 합니다.

우리의 믿음은 우리가 신뢰할 수 있는 사람이 하는 말을 통해서 바뀔 수 있습니다. 우리가 그동안 알지 못했던 자신의 잠재력을 깨닫게 되는 순간 바뀔 수 있습니다. 우리가 매일 접하는 대중매체에서 주는 정보를 의심 없이 받아들임으로써 바뀔 수도 있습니다. 우리가 알게 모르게 자신에게 입버릇처럼 하는 말을 통해서 자신이 지닌 믿음이 바뀔 수 있습니다.

이제 이런 가능성에 대해 몇 가지 실례를 들어보겠습니다.

흑인 최초의 뉴욕 주지사가 된 문제아

우리는 꿈을 따라 성장한다.
모든 위대한 사람은 꿈꾸는 자였다.

– 미국의 28대 대통령 토머스 윌슨 –

여기 문제아 소년이 있습니다. 그는 범죄가 들끓는 뉴욕 브루크린 빈민가에서 태어났습니다. 그곳에서 자라나는 아이들은 환경의 영향을 받아 어려서부터 폭력을 일삼고 마약에 손을 대며 결국 범죄자가 되기 쉽습니다. 이 소년도 똑같이 환경의 영향을 받으면서 꿈도 희망도 없이 생활하고 있었습니다.

초등학교를 다녔지만 무단결석을 밥 먹듯이 했고, 학교에서도 친구들에게 폭력을 휘둘러 문제를 자주 일으켰습니다. 그는 화를 참지 못해 교실의 칠판을 때려 부수기도 했습니다. 학교에서는 친구들 중 어느 누구도 그와 가까이 하려고 하지 않았고, 심지어 선생님들조차도 말을 걸지 않았습니다. 악순환의 반복이었습니다.

그러던 어느 날 괴어 폴이라는 새로운 교장선생님이 그 학교로 오게 되었습니다. 폴 교장선생님은 학교 현황을 파악하던 중 그 문제아 소년에 대한 얘기를 듣게 되었습니다. 그는 학생들을 진정으로 사랑하는 선생님이었습니다.

폴 교장선생님은 그 소년을 도울 좋은 방법이 없을까 진지하게 고민한 후, 그 소년을 자신의 사무실에서 개인적으로 만났습니다. 소년과 이 얘기 저 얘기를 나누다가 폴 교장선생님은 그 소년에게 한번 손바닥을 보여 달라고 부탁했습니다. 그는 소년의 손바닥을 한참 동안 유심히 살펴보았습니다. 그리고 살아오는 동안 소년이 한 번도 들어보지 못했던 뜻밖의 말을 해주었습니다.

"너는 유달리 다른 애들보다 손가락이 가늘고 길구나. 그런 걸 보니 너는 뉴욕 주지사가 될 운을 갖고 태어난 게 분명해!"

이 말이 그의 영원한 운명을 바꾸었습니다! 그는 지금까지 다른 사람들에게 작은 칭찬의 말도 들어볼 기회가 거의 없었습니다. 그런데 뉴욕 주지사가 될 운명을 갖고 태어났다니! 이것은 그에게 엄청난 말이었습니다. 마치 해머로 머리를 얻어맞은 듯한 감정의 충격을 받았습니다. 동시에 그 말이 소년의 가슴속 깊이 파고들었습니다.

소년은 "내가 정말 뉴욕 주지사가 될 운명을 갖고 태어난 게 맞을까?"하고 생각하게 되었습니다. 소년은 교장선생님이 자신에게 거짓말한 것은 아닐 거라고 믿게 되었습니다. 그때부터 소년은 '뉴욕 주지사'가 되는 꿈을 갖게 되었습니다.

꿈을 갖게 된 소년의 삶이 달라지기 시작했습니다. 소년은 자신을 미래의 뉴욕 주지사라고 생각했습니다. 그러자 뉴욕 주지사답게 옷차림을 바꿔야 한다고 생각했습니다. 뉴욕 주지사답게 고상한 말을 사용해야 한다고 생각했습니다. 뉴욕 주지사답게 남을 위해 봉사해야 한다고 생각했습니다. 소년은 이미 뉴욕 주지사가 된 것처럼 생각하고, 말하고, 행동하기 시작했습니다.

이러한 삶의 변화로 인해 소년은 마침내 폴 교장선생님의 예언대로, 그리고 소년이 믿은 대로 뉴욕 주지사가 되었습니다. 그것도 미국 역사상 흑인 최초의 뉴욕 주지사가 된 것이었습니다. 그가 바로 제 53대 뉴욕 주지사인 로저 롤스입니다. 그는 취임식 연설에서 아주 인상적인 말을 남겼습니다.

"꿈을 갖는 데는 돈이 들지 않습니다. 설사 거짓말에서 비롯된 꿈일지라도 스스로 확신을 갖고 끝까지 견지한다면 그 꿈은 반드시 이루어집니다."

소년은 나이가 들면서 폴 교장선생님이 그 당시 자기에게 한 예언이 거짓말이라는 사실을 알았을 것입니다. 하지만 이미 자기 마음속에 깊이 파고든 그 예언을 저버리고 싶지 않았을 것입니다. 마침내 소년은 그 예언을 100% 믿고 받아들이면서 세상 사람들의 손가락질을 받을 운명을 도리어 세상의 수많은 사람들의 존경을 받는 운명으로 탈바꿈시킬 수 있었습니다.

이 이야기에서처럼 우리는 자신이 신뢰할 수 있는 위치에 있는 사람들의 말을 한 점 의심 없이 믿음의 근거로 받아들이는 경향이 있습니다. 특히 부모, 학교 선생님, 연예인, 의사, 학계 전문가들의 말이 그렇습니다. 혹시 그 말이 진실이 아니라 하더라도….

그리고 그 말의 영향력은 로저 롤스처럼 우리의 운명을 송두리째 뒤바꾸어 버릴 수도 있습니다.

귀가 따갑도록 듣던 운명의 말

'그것'을 믿고 '그것'을 확신하면 실패할 수가 없다.
'그것'이 무엇이든 상관없다.
반드시 '그것'을 손에 넣게 될 것이다.

– 맥도날드 창업자 레이 크록 –

어려서부터 부모가 자녀들에게 들려주는 말은 아주 중요합니다. 자녀들은 사랑하는 부모가 하는 말을 여과 없이 그대로 받아들이기 때문입니다. 그리고 그 말이 자녀들에게 믿음의 근거가 되어 그들의 운명이 됩니다. 이번에는 부모로부터 귀가 따갑도록 듣던 말이 잘못된 믿음으로 심어졌지만, 우연한 기회에 이 믿음을 바꾸어 자신의 운명을 송두리째 바꾼 사람의 이야기를 들려드리겠습니다.

25세쯤 된 한 젊은이가 고등학교를 졸업하자마자 첫 직업을 공사판 노동자로 시작했습니다. 왜 그랬을까요? 그가 그 일을 좋아했기 때문일까요? 물론 그렇지 않습니다.

거기에는 초등학교밖에 나오지 못한 아버지의 영향력이 컸습니다. 아버지 또한 공사판 노동자로 일을 하고 있었는데, 자녀들에게 얘기할 기회가 있을 때마다 계속 귀가 따갑도록 이런 말을 했다고 합니다.

"우리 가족은 대대로 공사판 노동자였단다. 그리고 앞으로도 계속 그럴 거야. 이것은 우리의 운명이란다."

그동안 아버지도 이 말을 믿고 살아왔습니다. 그리고 그 믿음대로 공사판 노동자로 살고 있었습니다. 이 말은 어떻게 아버지의 믿음이 되었던 것일까요?

물론 아버지도 할아버지에게서 어려서부터 계속 귀가 따갑도록 들은 말이었겠죠. 이제 그 아들도 아버지에게 귀가 따갑도록 들은 말에 따라 공사판 노동자로 25세가 될 때까지 생활하고 있었습니다. 그것이 그의 운명인 것처럼 추호의 의심도 하지 않으면서….

하지만 그는 공사판 막노동 일을 좋아하지 않았습니다. 자신도 남들처럼 더 좋은 일을 하고 싶었고, 그런 일을 할 능력이 있다고 생각했습니다. 마음속에서 혼란이 일어나기 시작했습니다. 그렇다고 달리 대안이 없었기 때문에 삶의 의미를 서서히 잃어가고 있었습니다.

이때 브라이언 트레이시 세미나가 그의 눈에 들어왔습니다. 세미나 내용이 그의 호기심을 불러 일으켰고, 마침내 용기를 내어 세미나에 참석하게 되었습니다. 이 세미나가 자신의 운명을 바꿔놓으리라는 사실을 전혀 모른 채 말입니다.

세미나 강의 내용 중에 특히 흥미를 끈 것은 자아 개념이었습니다.

이 개념에 대해 배우면서 그는 자신이 지금까지 주도적인 삶을 살아온 것이 아니라는 사실을 깨달았습니다. 지금 자신의 삶은 어려서부터 들어온 아버지의 말에 따라 조종되고 있는 삶이라는 생각이 들었습니다.

갑자기 그의 머릿속이 환해지면서 새로운 세계가 펼쳐지는 것 같았습니다. 자신의 삶은 자신이 스스로 제어할 수 있고, 자신의 삶은 자신이 스스로 창조해 갈 수 있다는 마음의 기쁨이 그를 사로잡았습니다. 새로운 믿음이 자리 잡기 시작했습니다.

세미나가 끝나자 그는 즉시 공사판 노동일을 때려치우고 세일즈를 시작했습니다. 자신이 하고 싶은 일이 세일즈라고 생각했던 것입니다. 하는 일이 보통 다 그렇듯이 처음에는 실적이 그리 좋지 않았습니다.

그래서 그는 성공하는 세일즈맨들이 쓰는 방법을 배우기 위해 세일즈에 관한 책을 모두 구입해서 읽었습니다. 동시에 세일즈 관련 세미나가 있으면 열심히 참석했습니다. 차츰 실적이 늘어나기 시작했습니다. 2년쯤 되었을 때 그는 회사 내에서 최고의 실적을 올릴 수 있었습니다.

그는 다른 회사로 스카우트가 되어 옮기면서 5년 후에는 억대 연봉자가 되었습니다. 만약 아버지의 말대로 계속해서 공사판 노동자의 삶을 살았다면 결코 이룰 수 없는 멋지고 행복한 삶을 살게 되었던 것입니다.

비로소 그는 자기 운명의 주인이 되었습니다. 그는 그동안 조상 대대로 전해져 내려온 공사판 노동자가 될 수밖에 없는 운명에서 벗어난 그 집안의 첫 번째 사람이 되었습니다.

혹시 당신도 이와 같은 상황에 놓여 있지는 않습니까? 만약 그렇다면 당신의 삶에 족쇄를 채우고 있는 그 그릇된 믿음의 고리를 끊으십시오. 그리고 당신이 원하는 삶을 새로이 창조해 가십시오.

당신은 그럴 자격이 있습니다.
당신은 그럴 잠재능력이 있습니다.
당신 운명의 주인은 바로 당신입니다.

박지성이 입에 달고 다니던 말

나 자신을 믿어야 한다.
나는 고아원에 있을 때도, 음식을 구걸하러 거리에 나섰을 때도
'나는 이 세상에서 가장 위대한 배우다'라고 나 자신에게 말했다.

― 찰리 채플린 ―

"어떤 말이든 만 번 이상 반복해서 말하면
미래에 반드시 이루어진다."

인디언들 사이에서 전해 내려오는 특별한 금언입니다. 우리가 지닌 믿음 중에 잘못된 믿음이 있다면, 그것을 올바른 믿음의 말로 바꾸어 입버릇처럼 달고 다니십시오. 당신은 어느 순간 새로이 받아들인 믿음대로 이루어진 삶을 경험하게 될 것입니다. 이제 이를 입증하는 이야기를 들려드리겠습니다.

한국인 최초로 프리미어 리그의 맨체스터 유나이티드에 스카우트된

박지성 선수. 그가 어려서 입에 달고 다니던 말이 있습니다.

"나는 무조건 성공해요."

'그냥' 성공한다는 것이 아닙니다. 결코 실패란 없다는 확신을 드러내 보이며 '무조건' 성공한다는 것이었습니다. 박지성의 이러한 입버릇은 새벽 훈련이 없는 날에 다른 친구들이 모두 늦잠을 잘 때에도 혼자 일어나 운동장에서 연습하는 원동력이 되었습니다.

박지성의 신체적인 조건은 다른 선수에 비해 뒤떨어진 편이었습니다. 그는 다른 선수들에 비해 키가 작았기 때문에 중학교 때에는 미키 마우스라고 놀림을 받기도 했습니다. 이런 부정적인 영향을 박지성은 스스로에게 "나는 무조건 성공해!"라는 말을 입버릇처럼 함으로써 자신의 신체적인 열등감에서 벗어날 수 있었습니다.

또한 자신이 한 말을 이루기 위해 박지성은 키가 작은 자신의 단점을 보완하는 방법을 발견하게 되었습니다. 그것은 평상시에 다른 선수들보다 더 열심히 연습하고, 경기장에 임하면 다른 선수들보다 더 열심히 질주하는 것이었습니다. 상대 선수와 볼 경쟁을 할 때에는 더욱더 악착같은 근성을 보였습니다.

그로 인해 경기장에 나서기만 하면 박지성은 쉴 새 없이 경기장을 질주하면서 감독이나 관중들에게 강한 인상을 심어줄 수 있었습니다. 체력이 다 떨어져 다리가 후들거려 더 이상 달릴 수 없을 것 같은 경우에도 전혀 지친 내색을 하지 않고 그는 경기장을 누볐습니다. 그렇게 해서 그가 얻은 명예로운 별명 중의 하나는 '그라운드를 질주하는 폭주 기관차'였습니다.

결국 박지성은 2002년 한일월드컵 국가대표 선수로 발탁되는 행운을 얻게 되었고, 4강신화의 주역이 되었습니다. 어려서부터 박지성이 '나는 무조건 성공해요'라고 입에 달고 다니던 말은 자신에게 한 예언의 말이었습니다. 이 말은 입버릇대로 이루어졌습니다.

그 후 세계 최고의 무대로 꼽히는 프리미어 리그와 유럽 챔피언스 리그를 마음껏 휘젓고 다니는 박지성 선수에게는 또 다른 입버릇이 생겼습니다. 그는 경기에 임할 때마다 이렇게 자신에게 예언을 합니다.

"이 경기장에선 내가 최고다!"

경기장에는 세계적인 선수들이 즐비합니다. 게다가 자신보다 머리 크기 하나가 더 큰 선수들이 대부분입니다. 그런 선수들과 경기를 하는 상황이라면 얼마든지 마음이 위축될 수도 있습니다. 자신이 한없이 작게 느껴질 수 있습니다.

하지만 자신에게 '이 경기장에선 내가 최고다!'라는 말을 스스로에게 예언한 후, 경기에 임하는 박지성은 완전히 돌변합니다. 수비수가 아무리 기량이 뛰어난 세계적인 선수라도 거침없이 돌파를 시도합니다. 결코 꿀리지 않습니다. 도리어 상대를 압도하여 치고 나갑니다. 그 순간 그는 자신이 최고임을 만끽합니다. 입버릇대로 이루어진 것입니다.

박지성 선수처럼 입에 달고 다니는 말은 누구나가 언제 어디서든 쉽게 따라 할 수 있는 방법입니다. 이 방법은 아주 강력한 효과가 있습니다. 이 방법은 꿈 실현의 두 번째 도구인 '자성예언'에서 자세하게 설명하겠습니다.

우연히 본 잡지에 의해 이끌린 삶

아이들은 보는 대로 자라게 되는 경향이 있죠. 나도 그저 힘센 갱이 되고 싶었어요.
그런데 어느 날 창고에 음식을 훔쳐 먹으러 들어갔다가 피아노를 봤어요.
나도 모르게 건반에 손을 얹는 순간 표현할 수 없는 느낌.
마치 온몸의 세포가 다 살아나는 것 같았어요. 그때 알았죠. 이것이라는 걸.

– 21세기 팝 음악의 살아 있는 전설 퀸시 존스 –

이노디자인의 김영세 대표는 16살 때 인생의 전환점이 되었던 한 사건을 경험했습니다. 그는 지금도 그때의 일을 생생히 기억하고 있다고 합니다. 그것은 친한 친구 집에서 우연히 겪게 된 운명적인 사건이었습니다.

그 당시 여러 명의 친구들이 함께 모여 한 친구 집에서 재미있게 놀고 있었는데, 그날따라 소년 영세는 무심코 친구들 틈을 벗어나 2층에 있는 친구 형 방으로 들어가게 되었습니다. 대학생 형 방에는 많은 책들이 책장에 꽂혀 있었습니다. 호기심 어린 눈으로 책들을 살펴보던 중 《인더스트리얼 디자인》이란 잡지가 유독 눈에 들어왔습니다.

소년 영세는 그 잡지책을 꺼내어 한 장 한 장 넘겨보았습니다. 처음에는 별 생각 없이 보았는데, 갈수록 그곳에는 자신이 생각지도 못한 새로운 세계가 펼쳐져 있었습니다. 이제 김영세 대표가 자신의 저서 《이노베이터》에서 표현한 그 감동과 그 느낌을 그대로, 당신도 느껴보기 바랍니다.

"한 장 한 장 별 생각 없이 넘겨보던 내 손과 눈에 서서히 힘이 들어가기 시작했다. 그러다 어느 순간 머리를 세차게 한 대 맞은 듯 아득해지는 느낌이 들었다. 쿵쾅쿵쾅 심장 뛰는 소리가 귀에 들리고, 목에 뭔가가 꽉 차 올라오는 느낌이었다.

세상에 이런 게 있었다니! 보기 좋고 쓰기 좋은 일상 생활용품을 생각해내고 그것을 그려서 만들어내는 일! 그 잡지에는 그런 일이 넘쳐 흐르고 있었다.

나는 그 순간 마치 오랫동안 감겨 있던 두 눈이 번쩍 뜨이는 듯한 느낌과 함께 마음은 굳은 심지 같은 게 꽉 박히는 기분이 들었다.

그래, 맞아! 이게 바로 내가 원하던 일이고 앞으로 내가 할 일이야! 사과나 감자같이 실제로 존재하는 사물을 보고 반복해서 그리는 그런 그림이 아니야.

나 자신의 생각으로 창조된, 미래를 위한 상품을 그려내는 일. 생각을 그리는 엄청난 일. 나는 그런 직업의 매력을 순간적으로 깨달았던 것이다."

한순간의 이 운명적인 사건으로 인해 소년 영세는 진로를 자연스럽게 미술대 산업디자인학과로 방향을 잡게 되었고, 다시 디자인 선진국인 미국으로 유학을 떠나는 결정을 하는 계기가 되었습니다. 그 후 김영세 대표는 미국 디자인 대학의 교수가 되었고, 지금은 혁신적인 산업 디자이너로 세상에 그 명성을 떨치고 있습니다. 그 과정에서 여러 가지 어려움이 있었지만 이를 극복할 수 있었던 것은 16살 때의 그 강렬한 느낌이 늘 마음속에 생생하게 살아남아 있었기 때문이었습니다.

소년 영세가 《인더스트리얼 디자인》이라는 잡지를 꺼내보던 때, 그 책을 본 사람이 그만은 아니었을 것입니다. 많은 사람들이 그 책을 보았을 텐데, 그중 유독 소년 영세에게만 필이 꽂힌 이유는 무엇이었을까요? 아마 그 이유는 소년 영세가 그날 자신의 천부적인 재능을 펼칠 수 있는 천직을 발견했기 때문일 것입니다.

이후 소년 영세의 삶은 그때 받은 생생한 느낌에 이끌린 삶이었습니다. 아마 어느 누구라도 원하는 꿈에 대해 이러한 생생한 느낌을 받을 수만 있다면, 그 꿈은 반드시 이루어질 것입니다. 이와 같이 생생한 느낌은 당신이 원하는 꿈을 이루게 해주는 세 번째 원동력이 됩니다.

하지만 소년 영세가 겪은 경험은 일생에 한두 번 있을까 말까 한 극적인 경험입니다. 이런 경험은 누구나가 하는 것은 아닌 것 같습니다. 그렇다면 이런 우연하고도 갑작스러운 생생한 경험을 할 수 있는 다른 방법은 없는 것일까요?

물론, 방법이 있습니다. 우리가 간절히 원하는 꿈들을 찾아서 이것이 마치 현실 세계에서 이루어진 것처럼 그런 생생한 느낌을 느낄 수 있는 상황을 인위적으로 만들어내면 됩니다. 그렇다면 어떻게 인위적으로 그런 생생한 느낌을 만들어낼 수 있을까요?

2가지 방법이 있습니다. 한 가지 방법은 마치 현실 세계에서 원하는 꿈이 이루어진 것처럼 마음속에서 생생하게 상상하며 느끼는 것입니다. 다른 한 가지 방법은 원하는 꿈을 나타내는 사진이나 그림 등을 사용하여 마음속에서 생생하게 상상하며 느끼는 것입니다. 이제 이런 방법들의 가능성을 보여주는 흥미로운 이야기를 들려드리겠습니다.

청소하면서 돈도 벌고 살도 빼다

내일이 아름다운 이유를 아십니까?
꿈을 지니세요. 꿈을 꾸면
고단한 현실 속에서도 내일이 아름다울 수 밖에 없습니다.

− 《내일이 아름다운 이유》 중에서 −

　혹시 당신이 가정주부라면 지금 소개하려는 내용이 기쁜 소식이 될
수 있을 것입니다. 집안일을 하면서 살도 빼는 방법이 될 수 있으니까
요. 혹시 건물 청소나 거리 청소를 직업적으로 하는 분들은 청소하면서
돈도 벌고 살도 뺄 수 있을 것입니다.

　하버드 대학의 심리학자 엘렌 랭거(Ellen Langer)교수는 호텔 청소
부 84명을 대상으로 실험을 실시했습니다. 우선 실험 대상이 된 사람들
의 건강 검진을 실시한 결과, 대부분은 배가 나오고 과체중이며 혈압도
높은 상태였습니다. 또한 운동부족 상태였습니다.

　하지만 랭거 교수가 호텔 청소부들이 하는 일을 유심히 관찰해본 결
과, 그들이 하는 운동량은 만만치가 않았습니다. 일단 일이 시작되면

그들은 눈코 뜰 새 없이 바빴습니다. 한 사람이 보통 하루에 호텔방 15개를 청소해야 했습니다. 침대 시트를 가는 일, 진공청소기를 돌리는 일, 화장실의 변기와 욕조를 빛이 나도록 닦는 일 등을 하다 보면 정신 없이 시간이 지나갔습니다. 그런데도 그들은 운동부족 현상을 보이고 있었습니다.

랭거 교수는 84명의 실험 대상자들을 42명씩 A그룹, B그룹으로 나눴습니다. 랭거 교수는 B그룹에게는 어떤 설명도 하지 않았습니다. 그냥 평상시대로 일하게 했습니다. 하지만 A그룹에 속한 사람들은 따로 불러 다른 사람들에게는 비밀로 하라고 말하면서 청소로 인한 운동 효과를 알기 쉽게 설명해주었습니다.

"저희가 과학적으로 측정한 결과, 침대 시트를 가는 데 15분 동안 40칼로리, 진공청소기를 돌리는 데 15분 동안 50칼로리, 화장실 변기와 욕조를 닦는 데 15분 동안 60칼로리가 소모되고 있네요. 이런 계산으로 하면 호텔 방 하나를 청소하면 10분간 운동하는 것과 똑같은 효과가 납니다. 하루에 15개의 방을 청소하니까 매일 2시간 30분 동안 운동하고 있는 거네요."

이 설명을 들은 A그룹의 사람들은 놀라움을 금치 못했습니다. 대부분 사람들은 설마 하고 생각했습니다. 랭거 교수는 이제 운동 효과를 낼 수 있는 방법을 가르쳐 주었습니다.

"하지만 충분한 운동을 하고 있음에도 여러분은 그 효과를 얻지 못하고 있습니다. 왜 그런지 아십니까? 그 이유는 여러분이 일을 운동으로 생각지 않고 고역으로 생각하기 때문입니다.

여러분은 이제부터 일을 할 때 '나는 지금부터 운동을 하는 거야.'라고 생각하시기 바랍니다. 모든 청소 활동을 운동으로 생각하는 겁니다. 그리고 몸에서 칼로리가 실제로 빠져 나간다고 상상하면서 앞으로 한 달 동안을 생활하는 겁니다.

실제로 호텔 방의 시트를 갈 때 '지금 내 몸에서 칼로리가 빠져 나가고 있어.'라고 상상하는 겁니다. 가능하면 칼로리가 진짜로 내 몸에서 빠져나가고 있다는 것을 생생히 그리고 이를 느끼면서 일하시기 바랍니다. 다른 청소 활동을 할 때에도 이와 같은 방법으로 생생히 상상하고, 느끼면서 일하시는 겁니다. 이렇게 하면 따로 운동을 할 필요가 없이도 운동 효과가 나올 겁니다."

자, 그렇다면 한 달 후에 과연 어떤 실험 결과가 나왔을까요? 먼저 아무 설명을 듣지 못하고 평상시대로 일을 한 B그룹의 사람들에게는 건강 검진 결과 전달에 비해 어떤 변화도 일어나지 않았습니다. 도리어 그들 가운데 일을 하면서 고역이라고 생각한 사람들은 도리어 피로 독소가 증가했습니다.

이에 반해 청소의 운동 효과에 대한 과학적인 설명을 듣고 그 효과를 낼 수 있는 방법을 훈련 받은 A그룹의 사람들에게는 건강 검진 결과 전달에 비해 놀라운 변화가 일어났습니다. 그렇게 빠지지 않던 뱃살이 빠져 배가 쑥 들어가고, 혈압도 떨어졌으며, 심지어 삼중 턱이 사라진 사람들도 있었습니다.

같은 일을 했는데 왜 이런 차이가 난 걸까요? 랭거 교수는 우리가 청소하며 몸을 움직일 때마다 우리 몸에서 칼로리가 빠져나간다고 생생하게 상상하고 느끼면 실제로 지방이 빠져나간다고 말합니다. 이에 반해 청소 일이 고역이라고 생각할 땐 오히려 피로 독소만 쌓인다고 말합니다.

랭거 교수는 실험을 통해 같은 일을 하는데도 어떤 생각과 느낌을 갖느냐에 따라 그 결과가 확연하게 차이가 나는 것을 보여주었습니다. 청소 일을 고역이라고 생각하는 사람들은 "아휴, 힘들어 죽겠네! 내 팔자야!"라고 불평하면서 일했을 것입니다. 힘들다는 생각과 느낌을 생생하게 가졌을 것이 분명합니다. 그러니 운동 효과는 전혀 나타나지 않고, 도리어 몸에 해가 되는 피로 독소만 더 쌓인 결과가 나타난 것입니다.

반면에 랭거 교수로부터 청소가 운동 효과가 있다는 말은 들은 사람들은 어떻게 하면 그 효과를 얻을 수 있을지 귀를 쫑긋 세우고 그의 말을 경청했을 것입니다. 그리고 랭거 교수가 설명한 대로 청소가 고역이 아니라 살을 빼주는 운동이라고 생각하게 되었습니다. 그리고 약속대로 한 달 동안 청소할 때마다 몸에서 빠져나가는 칼로리에 대해 상상하며 생생히 느끼려고 노력했습니다. 그러자 상상한 대로 몸에서 변화가 일어난 것입니다. 놀랍지 않습니까?

우리는 랭거 교수의 실험을 통해 우리가 제대로 긍정적인 상상을 생생히 할 수 있다면, 그 상상에 따라 얼마든지 우리가 원하는 새로운 삶을 창조할 수 있음을 알 수 있습니다. 이렇게 생생하게 상상하는 방법은 꿈 실현의 세 번째 도구인 '시각화'에서 자세하게 설명하겠습니다.

꿈 도둑 선생님

그대의 꿈이 가리키는 방향으로 확신을 가지고 나아가라.
그대가 상상하는 삶을 살아라.

— 헨리 데이비드 소로우 —

다른 이야기를 하나 더 하겠습니다. 오래전에 떠돌이 말 조련사의 아들로 태어난 몬티 로버츠라는 소년이 있었습니다. 아버지의 직업이 말 조련사였기 때문에 몬티는 어쩔 수 없이 아버지를 따라 여기저기로 이사를 다닐 수밖에 없었습니다. 이사를 다니면서 몬티는 아버지가 일하는 광활한 목장의 모습을 자연스럽게 마음에 품고 자랄 수 있었습니다.

몬티가 고등학교 3학년이 되었을 때 선생님이 장래의 꿈을 작성해오라는 숙제를 내주셨습니다. 그날 밤 몬티는 자신이 커서 무엇이 될까를 곰곰이 생각해보았습니다. 그런데 갑자기 자신이 자라오면서 늘 보아온 멋진 목장의 모습이 떠올랐습니다.

몬티는 '그래, 바로 이거야!' 라고 마음속으로 탄성을 질렀습니다. 그는 현재 자신이 처한 환경과는 상관없이 광활하게 펼쳐진 목장을 소유한 목장 주인이 되겠다는 큰 꿈을 찾게 되었습니다. 몬티는 즉시 종이를 꺼내 그 위에 미래에 자신이 갖게 될 목장의 모습을 구체적으로 그렸습니다.

그렇게 해서 25만 평이나 되는 푸른 초원에 말과 소와 양들이 뛰어다니고, 100평 규모의 아름다운 집이 들어서 있는 목장의 그림이 완성되었습니다. 몬티는 목장 안에 들어설 건물들과 마구간의 위치를 상세하게 그렸습니다. 심지어 목장 안에 지어질 집에는 방과 거실과 화장실 등의 위치까지 건축 설계도처럼 구체적으로 그렸습니다.

다음 날 몬티는 자신이 한 숙제에 자부심을 느끼면서 선생님께 제출했습니다. 하지만 이틀 후 숙제를 되돌려 받았는데, 겉장에는 '수업이 끝난 후 면담 요망'이라 붙여진 쪽지와 함께 커다란 붉은 글씨로 채점 결과가 적혀 있었습니다.

'F'

수업이 끝나고 면담을 하는 동안 몬티는 선생님에게 따졌습니다.

"저는 최선을 다해서 숙제를 했는데, 왜 제가 F학점을 받은 건가요?"

선생님이 말했습니다.

"몬티, 너의 꿈은 좋은 꿈이긴 하지만, 현실적으로 불가능한 꿈이지 않니? 네 처지를 생각해보렴. 25만 평이나 되는 목장을 소유하려면 막대한 돈이 필요한데, 너와 네 아버지는 그럴만한 돈이 없잖니? 그래서 'F'학점을 준 거란다."

그리고는 선생님은 다음 말을 덧붙였습니다.

"네가 좀 더 현실적인 꿈을 갖는다면 점수를 다시 주도록 하마."

몬티는 집에 돌아가 아버지의 의견도 듣고, 오랜 시간 깊이 생각한 뒤에 최종적으로 결론을 내린 뒤 다음 날 선생님께 말씀 드렸습니다.

"선생님, 저는 그대로 F학점을 받겠어요. 그리고 제 꿈을 소중히 간직할래요."

꿈을 간직하기 위해서 과목의 낙제 점수인 'F'학점을 받은 몬티는 그 후 어떻게 되었을까요? 말할 필요도 없이 그는 자신의 꿈을 이루었습니다. 광활한 목장을 소유하게 된 몬티는 지역사회에 공헌하려는 생각으로 자신의 목장 일부를 청소년 캠프장으로 이용할 수 있게 했습니다.

앞의 이야기는 캠프장을 이용하는 청소년들에게 자신의 목장을 방문할 때마다 들려주는 몬티 로버츠의 감동적인 이야기입니다. 그는 많은 청소년들이 자신이 처한 환경 때문에 꿈을 잃어버리지 않도록 돕고 싶었습니다. 이 감동의 이야기는 여기서 끝나지 않고 계속됩니다.

"여러분은 바로 그 꿈이 이루어진 현실 한가운데에 와 있습니다."

몬티가 이 말을 꺼낸 이유는 청소년들이 야영하는 캠프장이 몬티가 고3 때 작성했던 25만 평의 목장이자, 청소년들이 몬티의 이야기를 듣는 이곳은 바로 목장 안에 지어진 1백 평의 아름다운 집안이었기 때문입니다. 그는 벽난로 위의 그림액자를 가리키면서 그 안에는 고3때 작성했던 숙제가 들어있다고 말해주었습니다. 그리고는 몬티가 마지막 감동의 이야기를 풀어놓았습니다.

"제가 하는 이야기의 더 놀라운 사실은, 재작년 여름에 저에게 'F'학점을 주셨던 바로 그 선생님이 30명의 학생들을 데리고 저의 목장에 와서 일주일 간 야영을 하고 갔다는 것입니다. 떠나시던 날 선생님은 눈물을 글썽이면서 제게 말씀했습니다.

"몬티, 미안하네. 내가 자네를 가르치는 선생이었을 때 나는 꿈을 훔치는 도둑이었어. 그 당시 나는 참으로 많은 아이들의 꿈을 훔쳤지. 다행히 자네만은 'F'학점을 감수하면서까지 자신의 꿈을 지켜주었어. 정말 고마워."

몬티 로버츠는 자신이 목장을 소유하고 싶다는 꿈을 아주 생생하게 구체적으로 작성하여 숙제로 제출했습니다. 만약 몬티가 숙제 점수로 'F'학점을 받지 않고 'A'학점을 받았다면 어떻게 되었을까 생각해 봅니다. 혹시 점수 결과로만 만족하고 그 꿈을 잃어버리지 않았을까라는 생각도 해봅니다.

'F'학점을 받았을 때 몬티의 꿈은 아주 혹독한 시험을 받았습니다. 자신의 꿈이 단지 헛된 꿈인지, 아니면 현재는 비현실적인 것처럼 보일지 모르나 미래에 자신이 반드시 이룰 수 있는 꿈인지 말입니다. 그는 'F'학점을 받더라도 자신이 그린 그 생생한 꿈을 포기할 수 없었습니다.

몬티가 끝까지 꿈을 포기하지 않도록 계속적인 도움이 되었던 것은 아마 그가 그린 목장 그림이었을 것입니다. 그는 매일 목장 그림을 보면서 상상의 나래를 펼쳤을 것입니다. 그때마다 자신이 그 목장을 소유한 주인이 되어 생활하는 행복한 모습을 상상했을 것입니다. 또한 어떻게 하면 꿈의 목장을 소유할 수 있을지 고민했을 것입니다. 시간이 지나면서 점점 더 구체적인 해결 방법을 찾아나갔을 것입니다. 그리고 주변의 사람들이 불가능하다고 생각할 수 있었던 꿈을 마침내 몬티는 실현시켰습니다.

이 이야기에서처럼 만약 우리가 이루고자 하는 꿈에 가장 적합한 그림이나 사진 등을 직접 그리거나 찍거나 찾아서, 쉽게 눈에 띄는 곳에 놓고 볼 수 있다면, 우리도 몬티 로버츠처럼 꿈을 이룰 수 있을 것입니다. 왜냐하면 그러한 그림이나 사진은 우리의 마음속에 간절한 욕망을 불러일으키고, 생생한 느낌을 자극하면서 상상의 세계로 들어가는 문을 열어주기 때문입니다. 이렇게 그림이나 사진을 활용하여 상상하는 방법은 꿈 실현의 네 번째 도구인 '보물지도'에서 자세하게 설명하겠습니다.

꿈 실현의 원동력 = 3가지 감정

꿈은 이루어진다.
그렇지 않다면 신이 우리에게 꿈을 꾸게 만들었을 리가 없다.

− 존 업다이크 −

꿈 실현 3가지 불변의 원리

지금까지 우리는 꿈을 이루게 해주는 3가지 원동력−간절한 느낌, 확실한 느낌(믿음), 생생한 느낌− 하나하나에 대해 몇 가지 실례를 들어가며 알아보았습니다.

그런데 알고 보면 이 3가지 원동력은 오래전부터 많은 사상가들, 심리학자들, 그리고 세상에서 꿈을 이룬 사람들이 과학적인 실험이나 직접 자신의 경험을 토대로 주장해 온 다음의 3가지 입증된 불변의 원리에서 비롯된 것입니다.

첫 번째 원리 "간절히 원하면 이루어진다."

두 번째 원리 "믿는 대로 이루어진다."

세 번째 원리 "생생히 그리면 이루어진다."

이 원리들을 적용하면 원하는 꿈이 이루어질 수 있다는 것입니다. 하지만 이 원리들은 각각 독자적으로 작용하지는 않습니다. 3가지 원리들이 서로 밀접하게 연관되어 있습니다.

표1 꿈 실현 3가지 불변의 원리

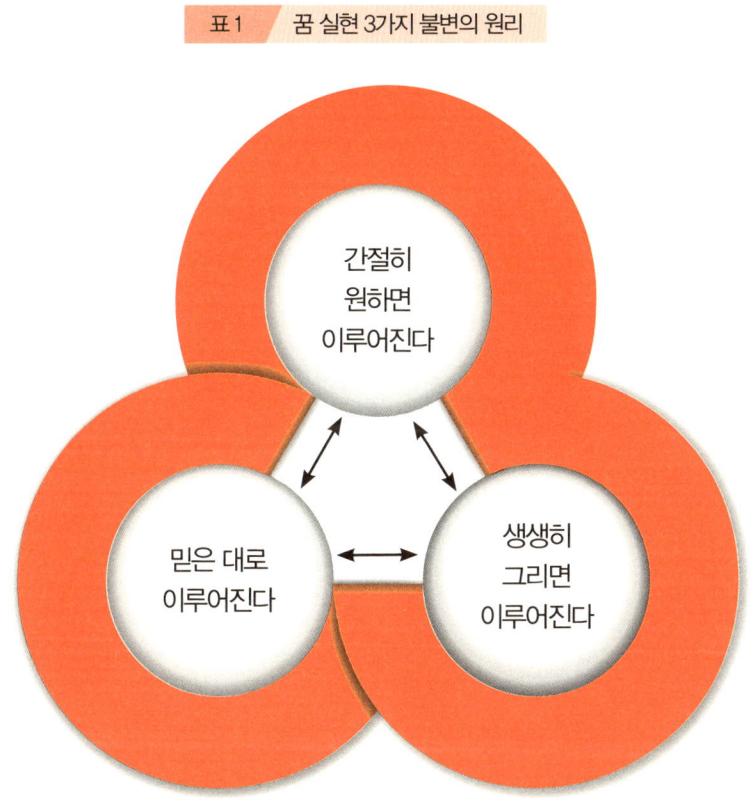

로저 롤스의 예

앞서 소개한 흑인 최초의 뉴욕 주지사가 된 로저 롤스의 이야기를 예로 들어 설명하겠습니다. 그는 원래 문제아였습니다. 하지만 교장 선생님이 던진 "너는 뉴욕 주지사가 될 운을 갖고 태어난 게 분명해!"라는 말 한마디가 그의 운명을 바꿔놓았습니다. 로저는 교장 선생님 같은 분이 자기에게 거짓말을 할 리가 없다고 생각했습니다. 로저는 그 말을 의심 없이 믿었습니다.

먼저 믿음에서 시작되었습니다. 그러면서 뉴욕 주지사가 되고 싶은 간절한 꿈이 생겨났습니다. 그러자 로저는 미래에 뉴욕 주지사가 된 자신의 모습을 그리게 되었습니다. 점점 자신이 그리는 생생한 모습에 따라 생각하고, 말하며, 행동하기 시작했습니다. 결국 그는 뉴욕 주지사가 되었습니다.

로저 롤스의 예에서 볼 수 있듯이 어느 한 가지 원리가 적용되어 꿈이 이루어진 것이 아니었습니다. 단지 어느 원리가 원하는 것을 이룰 수 있도록 첫 시동을 걸어주었는가의 차이가 있을 뿐 그 후에는 3가지 원리가 서로 밀접하게 연관을 지으면서 작용했습니다. 그리고 자연스럽게 원하는 꿈이 이루어졌습니다.

3가지 원리의 핵심 단어

그런데 우리가 원하는 꿈을 이루어주는 3가지 원리에서 놀라운 사실을 발견할 수 있습니다. 각 원리마다 핵심 단어가 있는데, 그 단어 하나하나가 모두 감정을 담고 있는 단어라는 것입니다.

이것이 바로 꿈 실현의 원동력이 되는 3가지 감정의 단어들입니다.

첫 번째 '간절함'이라는 단어입니다. 간절함은 감정이 있는 단어입니다. 그것은 무엇인가를 얻고자 하는 욕망을 나타내는 단어입니다. 간절함에는 그 감정의 강하고 약함에 따라 4가지로 나누어진다고 이미 이야기한 바 있습니다.

'나는 정~말 그것을 원해'라는 감정을 나타내는 강렬한 욕망, '나는 누구보다도 더 그것이 꼭 필요해!'라는 감정을 나타내는 절실함, '나는 그것을 얻지 못하면 죽을지도 몰라!'라는 감정을 나타내는 절박감, 그리고 '나는 무슨 일이 있어도 그것을 지금 바로 얻어야 해!'라는 감정을 나타내는 긴박감이 있습니다. 이 4가지 감정 모두 우리가 원하는 것을 얻기 위해 무엇인가 행동을 하게 하는 원동력이 됩니다.

두 번째 '믿음'이라는 단어입니다. 믿음은 다른 말로 '확실한 느낌'이라고 정의한 바 있습니다. 따라서 믿음도 감정이 있는 단어입니다. 믿음은 우리의 겉마음(의식)이 속마음(잠재의식)과 일치될 때 갖는 확실한 느낌입니다. 만약 당신이 '나는 똑똑해'라고 말한다면, 이것은 겉마음이 말하는 것입니다. 이 말을 하고 나서 마음속에서 어떤 의심이나 불안한 느낌대신 확실한 느낌이 들면서 긍정적인 생각이 떠오른다면 그것은 속마음이 말하는 것입니다. 이렇게 겉마음과 속마음이 일치할 때 일어나는 확실한 느낌은 우리가 원하는 것을 얻기 위해 무엇인가 행동을 하게 하는 원동력이 됩니다.

세 번째 '생생함'이라는 단어입니다. 생생함 또한 감정이 있는 단어입니다. 이 단어는 시각, 청각, 촉각, 미각, 후각 등의 오감을 가능한 한 모두 이용하여 우리가 얻고자 원하는 모습을 현실에서 이미 이루어졌을 때의 모습처럼 상상하며 느끼는 것을 의미합니다. 이러한 생생한 느낌은 우리가 원하는 모습과 함께 잠재의식에 저장되어 언제든지 현실과의 격차를 줄이도록 무엇인가 행동을 하게 하는 원동력이 됩니다.

감정의 막강한 힘

이해를 돕기 위해 '감정'이라는 단어에 대해 살펴보도록 하겠습니다. 감정을 나타내는 영어 단어에 'emotion'이라는 단어가 있습니다. 이 단어의 어원은 라틴어 'emorvere'인데, '밖으로'를 나타내는 접두사 'ex-'와 '움직이다'는 의미의 'movere'가 합쳐진 단어입니다. 따라서 'emotion'이 지니는 어원의 의미는 '외부로 행동을 드러낸다'입니다.

감정은 우리가 무언가를 행하게 만드는 막강한 힘입니다. 그것도 억지로 행하게 만드는 힘이 아니라, 자연스럽게 행하도록 만드는 힘입니다. 게다가 거의 무의식적으로 행하게 만듭니다. 우리가 보내는 하루 24시간의 대부분의 행동이 바로 이러한 감정에 의해 좌우된다고 볼 수 있습니다.

3가지 감정의 시너지 효과

이러한 3가지 감정은 서로 간에 감정을 부추겨 시너지 효과를 내면서 당신이 원하는 꿈을 자연스럽게 이루게 해주는 원동력이 됩니다. 그렇다면 3가지 감정이 제대로 작용하고 있는지 아닌지를 어떻게 확인할 수 있을까요? 그것은 그리 어렵지 않습니다. 3가지 감정이 제대로 작용하게 되면 우리에게 다음과 같은 일들이 벌어지기 때문에 그 결과로 알 수 있습니다.

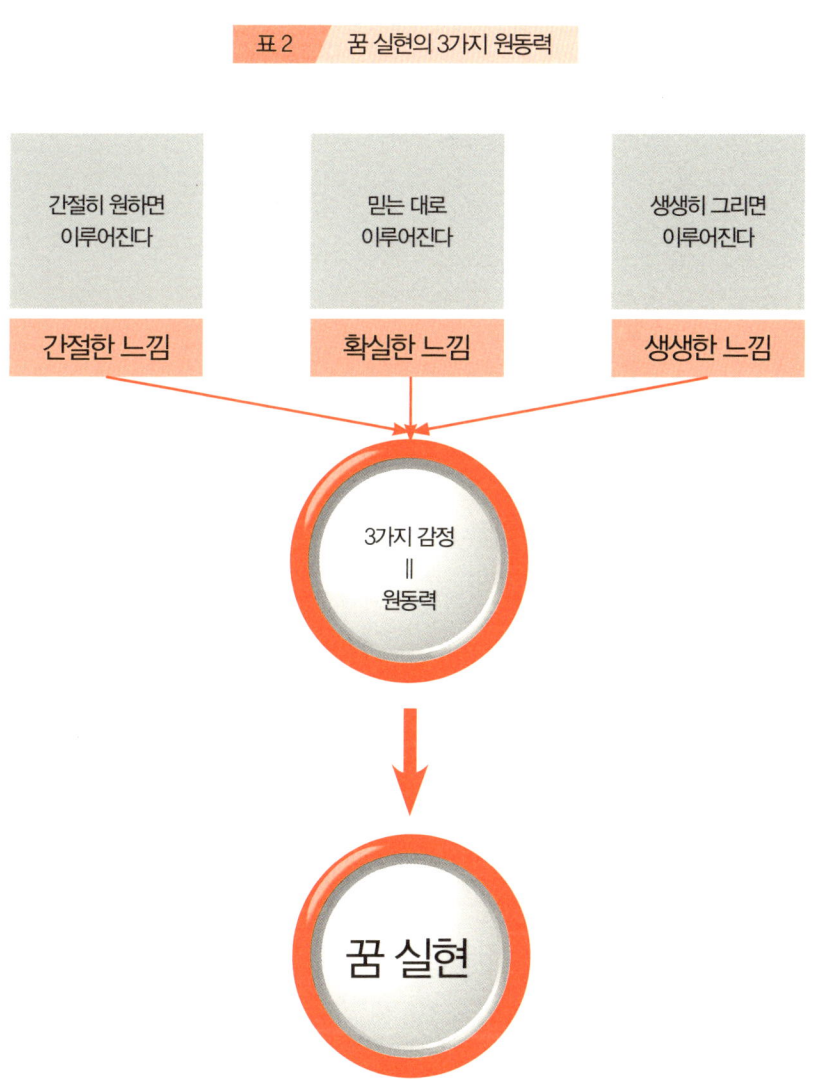

표 2 　꿈 실현의 3가지 원동력

간절히 원하면 이루어진다	믿는 대로 이루어진다	생생히 그리면 이루어진다
간절한 느낌	확실한 느낌	생생한 느낌

3가지 감정
=
원동력

꿈 실현

우리가 원하는 꿈을 이루는 일에 몰입하게 하고,

소풍 가기 전날 밤잠을 설치는 어린아이같이 들뜨게 하고,

설레게 하고,

신나게 하고,

즐겁게 하고,

시간가는 줄 모르게 하고,

미치게 하고,

가슴 뛰게 하고,

매일 기대하게 하고,

고생을 고생처럼 여기지 않고 기꺼이 받아들이게 하고,

열정적으로 행동하게 하고,

평상시 갖고 있던 능력 이상의 초능력을 발휘하게 하고,

문제가 있으면 항상 그 해결책을 찾는데 집중하여

그 결과를 얻게 하고,

필요한 것은 적극적으로 다른 사람들에게

부탁하는 용기도 생기게 하고,

뜻밖의 도움의 손길을 받게 되기도 하고,

생각지 않았던 기회의 문이 열리기도 하고,

죽음의 사자도 아직 시기가 아니라고 비켜가기도 하고,

자연스럽게 원하는 것을 얻게 됩니다.

더 나은 삶과 더 나은 세상을 위하여.

3가지 감정을 불러일으키는
꿈 실현 도구

끌어당기는 힘을 발생시키는 건 그저 그림이나 생각이 아니라 '느낌'이다.
이렇게 생각하는 사람이 많다. '긍정적으로 생각하거나,
원하는 걸 이미 갖고 있는 모습을 그리면 그걸로 충분해.'
하지만 그렇게 하는 동안 자신이 풍요롭다고 느끼거나 사랑이 솟아나거나
기쁨이 일어나지 않는다면, 끌어당기는 힘이 생기지 않는다.

- 《시크릿》 중에서 -

지금까지 우리는 꿈을 이루게 하는 3가지 불변의 진리에 대해 알아보았고, 이 진리 안에는 3가지 감정이 숨겨져 있다는 놀라운 사실을 알게 되었습니다. 또한 감정에는 막강한 힘이 있어 이 3가지 감정이 우리가 원하는 꿈을 더 빨리, 자연스럽게 이루어주는 원동력이 된다는 사실도 알게 되었습니다.

그렇다면 우리가 원하는 꿈을 이루기 위해 3가지 감정만 제대로 이끌어낼 수 있다면 우리가 원하는 꿈은 무엇이든지 이룰 수 있다는 것이 됩니다. 어떻게 하면 이러한 감정들을 불러일으킬 수 있을까요? 이러한 감정들을 이끌어낼 수 있는 어떤 도구가 있나요?

물론 있습니다. 지금부터 소개하려는 꿈 실현 도구가 그렇습니다. 이

도구는 바로 이 세 가지 뜨거운 감정들이 살아나도록 불을 지펴주는 기능을 합니다. 꿈 실현 도구는 버킷 리스트, 자성예언, 시각화, 보물지도의 4가지 도구로 구성되어 있습니다. 이 도구들은 이미 전 세계적으로 입증되어 가장 많이 사용되고 있는 꿈 실현 도구들입니다.

어떤 사람들은 이 도구들을 마음속의 생각만으로도 사용할 수 있는 능력이 있습니다. 그들은 집중력과 상상력이 뛰어나 그렇게 해도 위의 3가지 감정을 불러일으킬 수 있고, 결국 원하는 것을 이룹니다. 하지만 모두가 같은 능력을 지닌 것이 아니기 때문에 대다수의 사람들은 이러한 도구들이 필요한 것입니다. 이 도구들은 그 도구 하나만 사용하더라도 어떤 사람들에게는 충분히 꿈을 이룰 수 있는 역할을 합니다. 하지만 이 도구들을 모두 자유자재로 구사할 수 있다면 당신은 원하는 꿈들을 더 많이, 더 빨리, 더 자연스럽게 이룰 수 있게 될 것입니다.

이제 도구 하나하나의 기능을 간략하게 소개하겠습니다. 구체적으로 작성하는 방법이나 적용 방법은 이후에 자세히 설명하겠습니다.

첫째, 버킷 리스트입니다. 버킷 리스트의 주요 기능은 당신이 간절히 원하는 것을 찾도록 돕는 데 있습니다. 간절히 원하는 것을 찾도록 돕는 제약 질문과 기적의 질문에 대한 답을 적어나가다 보면 간절한 느낌이 드는 것이 무엇인지 발견할 수 있습니다.

둘째, 자성예언입니다. 자성예언의 주요 기능은 짧은 말과 글로 믿음의 확실한 느낌을 불러일으키도록 돕는 것입니다. 반복해서 말하고, 적다 보면 자신도 모르는 사이에 믿음의 확실한 느낌이 피어오르는 것을 알 수 있습니다.

셋째, 시각화입니다. 시각화의 주요 기능은 현실 같은 생생한 느낌을 오감으로 체험하도록 돕는 것입니다. 여기서 생생한 느낌이란 원하는 꿈의 성취 후 모습과 성취하는 과정의 모습을 머릿속으로 상상하면서 마치 현실에서 실제로 이루어졌을 때 느끼는 것과 똑같은 감정을 체험하는 것을 의미합니다.

넷째, 보물지도입니다. 보물지도의 첫 번째 주요 기능은 당신이 원하는 꿈에 가장 적합한 사진이나 이미지를 보면서 간절한 욕망을 느끼도록 돕는 것입니다. 두 번째 주요 기능은 당신이 원하는 꿈에 가장 적합한 사진이나 이미지를 보면서 효과적으로 시각화하는 것을 돕는 것입니다. 특히 눈을 감고 상상하는 것에 어려움을 느끼는 분들에게 반드시 필요한 도구입니다.

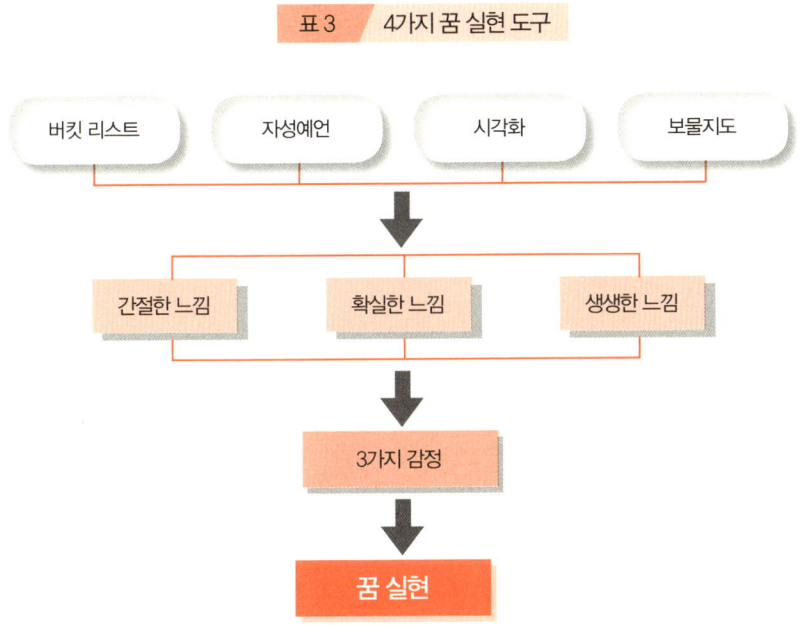

표3 4가지 꿈 실현 도구

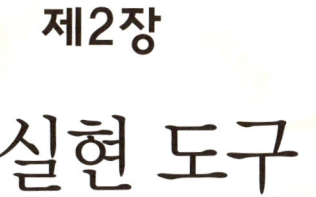

제2장

꿈 실현 도구

— 버킷 리스트 · 자성예언 · 시각화 · 보물지도 —

당신의 삶에 족쇄를 채우고 있는
그릇된 믿음의 고리를 끊으십시오.
그리고 당신이 원하는 삶을 새로이 창조해 가십시오.

당신은 그럴 자격이 있습니다.
당신은 그럴 잠재능력이 있습니다.
당신 운명의 주인은 바로 당신입니다.

4가지 꿈 실현 도구의 이점

오직 내가 도달하려는 높이까지만, 나는 성장할 수 있다.
오직 내가 추구하는 거리까지만, 나는 갈 수 있다.
오직 내가 살펴볼 수 있는 깊이까지만, 나는 볼 수 있다.
오직 내가 꿈을 꾸는 정도까지만, 나는 될 수 있다.

— 《시간관리와 자아실현》 중에서 —

4가지 꿈 실현 도구는 다음과 같은 이점이 있습니다.

취향에 따른 선택 : 4가지 꿈 실현 도구는, 취향에 따라 골라먹는 재미가 있는 아이스크림처럼 여건에 맞춰 원하는 도구를 마음대로 선택하여 시도해볼 수 있습니다. 이 도구들은 제대로 활용하기만 한다면 그 하나하나가 막강한 효력을 발휘합니다.

사람마다 취향이 다르기 때문에 각자 자기 취향에 더 맞는 도구들이 있습니다. 따라서 처음에는 자기 취향에 가장 잘 맞는 도구를 먼저 선택하여 이를 사용해본 후 그 효과를 경험해보는 것이 무엇보다도 중요합니다. 어떤 사람에게는 처음부터 4가지 도구를 모두 사용해보려고 하는 것이 무리인 경우도 있습니다. 그런 경우는 짤막한 한 문장의 자성예언으로 시작해볼 수도 있습니다.

꿈의 몽타주 : 몽타주는 원래 범인을 잡기 위해 사용합니다. 4가지 꿈 실현 도구는 꿈의 몽타주를 그려 꿈을 이루도록 돕기 위해 사용합니다. 몽타주는 범인이 아닌 사람이 누구인지 골라내는 효과도 있습니다. 이 도구도 이를 활용하다 보면 진정 원하는 꿈들을 가려내어 꿈이 아닌 것들에 시간과 노력을 빼앗기지 않도록 해줍니다.

꿈 실현 가속화 : 어떤 도구이든지 처음에 한 번 익히는 것이 어렵지 익히고 나면 익숙해져서 시간이 갈수록 쉽게 사용할 수 있습니다. 당신이 4가지 도구를 모두 자유자재로 사용할 수 있는 능력이 생기게 되면 그 도구로 인해 간절한 느낌, 생생한 느낌, 확실한 느낌의 3가지 감정을 모두 쉽게 불러일으킬 수 있게 될 것입니다. 이로 인해 발생하는 시너지 효과로 당신은 원하는 꿈을 더 많이, 더 빨리 이루는 놀라운 경험을 하게 될 것입니다.

자연스러운 꿈 실현 : 4가지 꿈 실현 도구는 오래전부터 전 세계적으로 널리 활용되고 있고 그 효과가 이미 입증된 꿈 실현 도구입니다. 꿈을 이루게 하는 3가지 불변의 원리에 숨겨져 있는 3가지 감정을 모두 효과적으로 불러일으켜 자연스럽게 꿈을 이룰 수 있도록 4가지 꿈 실현 도구를 하나로 통합하여 만든 강력한 도구입니다.

꿈 실현 도구 1
버킷 리스트(Bucket List)

– 간절히 원하는 것을 찾아 적는다 –

"그대는 인생에서 기쁨을 찾은 적이 있는가?"
"Have you found joy in your life?"

"그대의 인생이 다른 사람들에게 기쁨이 된 적이 있는가?"
"Has your life brought joy to others?"

버킷 리스트(Bucket List)란?

난 죽음이 삶의 가장 훌륭한 발명품이라 생각한다.
여러분의 시간은 한정돼 있습니다.
다른 사람의 삶을 사느라 시간을 낭비하지 마십시오.

– 애플 CEO 스티브 잡스 –

'버킷 리스트(Bucket List)', 2008년 우리나라에서도 개봉돼 인기를 끈 할리우드 영화 제목입니다. 원래 버킷(Bucket)은 '양동이'라는 뜻을 가진 영어 단어입니다. '킥 더 버킷(Kick the bucket)'하면 문자 그대로의 의미로는 '양동이를 걷어차다'라는 말이지만, 상황에 따라서는 '죽다'라는 완전히 다른 의미의 말이 됩니다. 이런 의미로 쓰이게 된 데에는 시대적인 배경이 있습니다.

중세 시대에 죄인을 교수형에 처하는 순서는 다음과 같았습니다.
첫째, 죄인을 버킷(Bucket)위로 올라서게 한다.
둘째, 서까래에 매단 밧줄을 죄인의 목에 건다.

셋째, 사형 집행인이 죄인에게 마지막으로 할 말이 있는지를 묻는다.

넷째, 죄인이 마지막으로 유언을 남긴다.

다섯째, 유언을 마치고 나면 사형을 집행하라는 명령이 내려진다.

여섯째, 옆에서 지키던 사람이 죄인의 발을 받치고 있던 '버킷 (Bucket)'을 걷어찬다.

일곱째, 죄인이 목매단 줄에 달려 있다가 죽게 된다.

이처럼 교수형이 집행 되는 상황에서 사용되던 '버킷(Bucket)'은 우리가 흔히 아는 물을 담는 데 사용하는 양동이가 아니었습니다. 그보다는 죄인이 죽기 전에 마지막 유언을 할 수 있는 시간을 벌어주기 위해 사용된 버팀목이었습니다. 버킷을 걷어차는 순간 죄인은 죽게 됩니다.

'버킷 리스트(Bucket List)'는 여기서 힌트를 얻어 만든 신조어로, 죽기 전에 꼭 하고 싶은 것들을 기록한 목록을 의미합니다. 그래서 '버킷 리스트'라는 영화의 부제목도 '죽기 전에 꼭 하고 싶은 것들'입니다. 영화의 줄거리는 대략 이렇습니다.

어느 날, 암에 걸려 1년 이내의 시한부 인생을 앞둔 두 노인이 한 병실을 쓰게 됩니다. 한 노인은 백인으로 남부러울 것이 없는 재산을 가진 사업가인 에드워드(잭 니콜슨)입니다. 그는 네 번의 결혼 경험이 있고 지금은 홀로 쓸쓸히 죽음을 맞이하고 있습니다. 다른 한 노인은 흑인으로 평범한 자동차 정비사인 카터(모건 프리먼)입니다. 그는 행복한 가정을 이루었고, 그의 곁에는 건강을 염려하는 간호원 출신의 아내가 지키고 있습니다.

같은 병실을 쓰는 동안 에드워드와 카터는 서로의 삶이 얼마 남지 않았다는 사실을 알게 되고 서서히 친해집니다. 그러던 중 카터가 병실 바닥에 구겨서 버린 메모 쪽지를 우연히 에드워드가 발견하여 읽고, 그 내용이 무엇인지를 카터에게 물어봅니다. 카터는 대학교 1학년 때 철학 교수가 죽기 전에 하고 싶은 것들의 목록인 '버킷 리스트'를 작성해보라는 과제를 내준 적이 있었는데, 그 생각이 떠올라 한 번 작성해본 것이었다고 말합니다.

　메모 쪽지에는 '모르는 사람 도와주기, 눈물 날 때까지 웃어보기, 멋지고 장엄한 광경보기, 셔비 머스탱 타보기' 등의 내용이 적혀 있었습니다. 그 내용의 의미를 알게 된 에드워드는 자기도 몇가지 하고 싶은 것들이 있다며 '스카이다이빙 하기, 세상에서 가장 아름다운 소녀와 키스하기, 문신하기' 등을 추가합니다.

　버킷 리스트에 흥미를 느낀 에드워드는 카터에게 적어 놓은 내용을 함께 실현시켜보자고 설득합니다. 마침내 60대 후반인 카터와 80대 초반인 에드워드, 두 노인은 제일 먼저 비행기에서 뛰어내리는 스카이다이빙에 도전합니다. 그리고는 버킷 리스트에 적힌 항목들을 하나씩 하나씩 실현시켜 갑니다.

　그중 2가지 항목은 카터가 죽은 후에도 에드워드가 실현시킵니다. 카터가 죽기 전에, 그는 에드워드를 친딸과 화해시키려고 노력합니다. 처음에 에드워드는 이를 달갑게 여기지 않고 거절하지만, 나중에 에드워드는 용기를 내어 딸을 찾아가 극적으로 화해하게 됩니다. 그때 손녀딸과 키스를 하면서 '세상에서 가장 아름다운 소녀와 키스하기'를 실현시킵니다. 또한 석 달 전까지는 전혀 모르는 사이였던 카터의 장례식에 참석하여 애도의 말을 사람들에게 전함으로써 '모르는 사람 도와주기'를 실현시킵니다.

마지막 한 가지는 '멋지고 장엄한 광경보기'였는데, 날씨 관계로 히말라야 산맥 중턱에서 포기하고 1년 뒤로 미루었던 것이었습니다. 이것은 카터와 에드워드가 모두 죽고 난 다음 해에 그들의 납골당을 비서가 직접 들고 히말라야 산맥 정상에 올라 그곳에 묻음으로써 실현시킵니다.

이 영화에서는 1년도 남지 않은 시한부 인생의 두 노인이 남은 기간 동안 병원에서 암과 싸우면서 죽음을 맞이하지 않았다는 것입니다. 그들은 이집트에서 피라미드를 바라보면서 카터가 에드워드에게 말한 2가지 질문에 대한 답을 찾기 위해 아주 값진 경험을 하면서 죽음을 맞이했다는 것입니다.

고대 이집트인들에게는 사후 세계에 대한 믿음이 있었는데, 죽어서 천국으로 들어가는 문에 이르면 그들 모두 다음과 같은 2가지 질문을 받았습니다. 그들이 이 질문에 어떻게 답을 하느냐에 따라 천국으로 받아들여질지 아닐지가 결정되었습니다.

"그대는 인생에서 기쁨을 찾은 적이 있는가?"
"Have you found joy in your life?"

"그대의 인생이 다른 사람들에게 기쁨이 된 적이 있는가?"
"Has your life brought joy to others?"

'버킷 리스트'라는 영화가 상영된 후 이 말은 우리나라에서도 널리 사용되고 있습니다. 단순히 유행어의 수준을 넘어 사람들이 그동안 미처 생각해보지 않았던 죽음에 대한 생각을 통해 삶을 새롭게 바라보는 기회가 되고 있습니다. 또한 진지하게 자신의 삶을 되돌아보고 미래를 꿈꾸는 중요한 도구로 사용되고 있습니다.

취업 포털 잡코리아에서 20~30대 직장인 362명을 대상으로 한 설문 조사 결과 10명 중 7명은 자신의 버킷 리스트를 작성해본 것으로 나타났습니다. 그들이 작성한 버킷 리스트 상에서 가장 많이 나타난 항목 순위를 보면, 1위가 세계 일주, 2위가 열정적인 사랑, 3위가 부모님께 효도하기, 4위가 제2외국어 마스터하기였습니다. 특이한 것으로 약 10%의 직장인들이 작성한 버킷 리스트에 '상사 면전에 사표 던지기'가 포함되어 있었다는 것입니다.

'버킷 리스트(Bucket List)'는 4가지 꿈 실현 도구 중 첫 번째 도구입니다. 같은 이름의 영화가 상영되기 전까지는 '꿈 목록' 또는 '드림 리스트(Dream List)'로 더 많이 알려져 있었습니다. 또한 '생애 목록(Life List)'으로도 사용되었습니다.

'버킷 리스트'는 꿈 실현의 첫 번째 원동력인 '간절한 느낌'을 불러일으키기 위해 사용되는 도구입니다. 시한부 인생을 사는 사람들이 죽기 전에 꼭 하고 싶은 일을 이루고자 하는 그런 간절한 느낌을 당신도 똑같이 가질 수 있다면, 당신의 버킷 리스트에 적힌 꿈들은 모두 다 자연스럽게 이루어질 것입니다.

존 고다드 박사의
생애 목록 (Life List)

많은 환자들이 자신의 소중한 꿈을 외면하고
중간에 꿈의 끈을 놓았던 자신의 모습을 후회한다.
꿈을 꾸고 그 꿈을 이루지 못했더라도
그것을 향해 충분히 노력을 했더라면 후회는 한결 줄어들 것이다.

– 호스피스 전문의 오즈 슈이치 –

당신은 이제 후회 없는 삶을 살기 위해 세계 최초로 버킷 리스트를 작성한 사람으로 알려진 존 고다드(John Goddard) 박사에 대해 알아볼 것입니다. 아마 고다드 박사 이전에도 버킷 리스트를 작성한 사람들이 있었을 것입니다.

하지만 고다드 박사처럼 다른 사람들에게도 자극이 될 수 있는 버킷 리스트를 직접 작성하여 수십 년 동안에 걸쳐 이를 이룬 후, 그 경험을 세상 사람들과 공유한 사람이 그 이전에는 없었습니다. 그런 이유로 고다드 박사가 기록한 버킷 리스트를 세계 최초로 여기는 것입니다.

이쯤에서 고다드 박사의 어린 시절을 한번 돌아볼까요?

때는 1940년의 일이었습니다. 15살 소년이었던 존 고다드는 어느 날 저녁 식사 후 식탁에 앉아 책을 읽고 있었습니다. 그때 엄마와 친척 한 분이 부엌 싱크대에서 이런저런 얘기를 나누면서 설거지를 하고 있었습니다. 얘기 중에 친척 분은 그동안 인생을 살아오면서 자신이 하지 못하고 지나쳐버린 일들에 대해 얼마나 후회가 되는지 안타까운 마음으로 이야기했습니다.

이 대화를 옆에서 듣고 있던 존에게 친척의 말이 강한 영향력을 미쳤습니다. 존은 그 친척처럼 나중에 후회하는 그런 삶을 살지 않겠노라고 마음속으로 다짐했습니다. 며칠 동안 존은 자신의 꿈에 대해 사색하는 시간을 가졌습니다. 여러 가지 자료를 찾아보기도 했습니다. 당시 존은 미래에 탐험가와 인류학자가 되고 싶은 꿈을 찾았던 것 같습니다.

이제 존의 운명을 바꿀 그날이 왔습니다. 비가 부슬부슬 내리는 오후에, 존은 우연히 친척의 말을 들었던, 같은 식탁에 앉았습니다. 지난번과 다른 점이 있다면, 이번에는 노란 종이 몇 장과 펜을 준비하고 앉았다는 것입니다.

존은 이미 마음속에 정리가 다 되어 있는 듯 바로 첫 번째 종이 맨 위에 '나의 생애 목록(My Life List)'이라고 적었습니다. 또한 각각의 종이에 항목명을 적었습니다. 이제 항목별로 그 아래에 이루고 싶은 꿈들을 구체적으로 적기 시작했습니다. 그렇게 그가 적어 내려간 꿈이 무려 9가지 항목에 127개나 되었습니다. 15세의 어린 소년이 작성한 것이라고 믿기 어려울 정도로 존은 자신의 꿈을 아주 구체적으로 기록했습니다.

항목별로 대략 살펴보면 이렇습니다.

1. 세계에서 가장 긴 강인 이집트의 나일 강과 가장 큰 강인 남미의 아마존 강을 포함하여 탐험할 곳 8군데
2. 모래 폭풍을 만나 산 채로 매장 당할 뻔했던 북아프리카의 수단을 포함하여 원시 문화 연구 대상지 12군데
3. 아프리카에서 최고로 높은 킬리만자로 산을 포함하여 등반할 산 16군데
4. 비행기 조종술 배우기를 포함하여 배우고 싶은 것 4가지
5. 브라질의 이과수 폭포를 포함하여 사진 촬영지 6군데
6. 135kg의 대합조개 촬영에 성공한 호주의 그레이트 배리어 대암초 지대를 포함하여 수중 탐사지 6군데
7. 로마 교황을 만난 바티칸 시를 포함하여 여행 장소 15군데
8. 중미의 니카라과 호수를 포함하여 수영 장소 5군데
9. 비행기, 오토바이, 트랙터, 윈드서핑, 권총, 엽총, 카누, 현미경, 축구, 농구, 활쏘기, 부메랑 등을 다루는 데 능숙하게 되는 것을 포함하여 성취하고 싶은 일 55가지

1972년에 탐험가이자, 인류학자이며, 다큐멘터리 제작자가 된 존 고다드 박사는 32년 전에 작성한 127개의 꿈 중 103개를 달성하는 데 성공했습니다. 그가 경험한 이야기는 '한 남자의 후회 없는 삶'이라는 제목으로 〈라이프〉지에 소개되었습니다. 이 기사가 나가자마자 미국 국민들은 그의 도전에 놀라고, 그의 성취에 감동했습니다.

많은 사람들이 고다드 박사에게 "어떻게 그 많은 꿈을 이룰 수 있었습니까?"라는 질문을 했습니다. 그는 질문을 받을 때마다 이렇게 답했습니다.

"나는 틀에 박힌 생활을 하고 싶지 않았고, 끊임없이 자신의 한계에 도전하고 싶었습니다. 독수리처럼 말입니다. 이런 경험들을 통해 나는 행동하는 인간의 보람과 삶의 가치를 느낍니다. 사람들은 흔히 위대한 용기와 힘과 인내를 발휘한다는 것이 무엇인지 모른 채 생을 마감하기도 합니다. 그러나 죽음이라는 극한 상황에서는 자신의 내부에 감춰진 엄청난 힘을 깨닫게 됩니다.

지금까지 살아온 당신의 인생을 돌아보십시오. 그리고 '만일 내가 1년을 더 산다면 무엇을 할 것인가'에 대해 생각해 보십시오. 우리 모두는 마음속에 각자가 하고 싶은 일들이 있습니다. 미루지 말고 즉각 해보십시오."

버킷 리스트 작성을 돕는
'제약 질문'

이제 버킷 리스트가 무엇인지를 알았고, 세계 최초의 버킷 리스트에 대해서도 알아보았습니다.

이제 당신 차례입니다.
당신도 한번 같이 작성해볼까요?
준비됐습니까?

오랫동안 자신의 꿈에 대해 생각할 겨를조차 없이 바쁘게 살아온 분이라면 지금 이 순간 한껏 고무될 수도 있습니다. 그와 동시에 버킷 리스트를 작성하려는 의욕은 앞서지만 막상 작성하려고 하니 머릿속이

백짓장같이 하얘지고 딱히 떠오르는 꿈이 없을지도 모르겠습니다.

그래도 걱정하지 마십시오.

이 책이 당신을 도와드릴 것입니다.

이제 당신에게 주어질 몇 가지 질문과 그 질문에 대한 예시 답안들을 보면 두뇌가 자극을 받아 머릿속에 자연스럽게 떠오르는 생각들이 있을 것입니다. 이 생각들을 정리하면 됩니다.

단지 '만약 당신이 앞으로 1년밖에 더 살 수 없다면'이라는 시간의 제약 조건을 두고 1년 내에 꼭 하고 싶은 것들이 무엇인지에 초점을 맞추기 바랍니다.

버킷 리스트의 목적은 당신이 간절히 원하는 것이 무엇인지를 가능하면 많이 찾아내어 이를 이루는 데 있습니다. 간절한 느낌이 크면 클수록 이루어질 가능성이 더 커지기 때문입니다. 강렬한 것보다는 절실한 것이, 절실한 것보다는 절박한 것이, 절박한 것보다는 긴박한 것이 더 좋습니다.

또한 버킷 리스트는 당신이 그동안 살아오면서 놓치고 지내온 가치 있고 의미 있는 것들을 찾는 축복의 기회가 될 것입니다. 나중에 후회하지 않는 삶을 위해서.

자, 이제부터 당신에게 몇 가지 질문을 하도록 하겠습니다.

질문과 예답을 참고하여 1년밖에 살 수 없다는 제약 조건에 집중하면서 잠시 생각에 잠긴 후 떠오르는 생각을 바로 기록하기 바랍니다.

1. 여행

죽기 전에 꼭 여행하고 싶은 곳이 있다면 그곳은 어디입니까?

- 세계 일주하기 (직장인들의 버킷 리스트 1위)
- 국내 맛집 찾아 전국 일주하기
- 브라질의 이과수 폭포 여행하기
- 성지 순례 여행하기
- 세계 7대 불가사의 여행하기 (만리장성, 피라미드 등)

_____

_____

_____

_____

2. 건강

죽기 전에 더 나은 건강한 모습을 위해 꼭 하고 싶은 것이 있다면 그것은 무엇입니까?

- 다이어트 성공해서 몸짱 되어보기
- 매일 명상하기
- 금연하기
- 조깅하기
- 10년 젊어 보이기

_____

_____

_____

3. 독서

죽기 전에 꼭 읽고 싶은 책이 있다면 그것은 무엇입니까?

- 지금 내가 갖고 있는 책 모두 읽기
- 삼국지, 초한지 등 역사 소설 읽기
- 제일 좋아하는 책 다시 읽기
- 동심으로 돌아가 동화책 읽기
- 책 읽은 후에 독후감 쓰기 등

---

4. 배움

죽기 전에 꼭 배우고 싶은 것이 있다면 그것은 무엇입니까?

- 제2외국어 마스터하기 (직장인 버킷 리스트 4위)
- 살사댄스 등 배워서 댄싱 퀸, 댄싱 킹 되어 보기
- 요가 배우기
- 난타 배우기
- 차 수리하는 방법 배우기

죽기 전에 모험해보고 싶은 것이 있다면 그것은 무엇입니까?

- 용기 내어 사랑 고백하기
- 번지점프하기
- 스카이다이빙 하기
- 기발한 아이디어를 찾아내 창업하기
- 육로로 실크로드 여행하기

_____

_____

_____

_____

6. 풍요로운 삶

죽기 전에 풍요로운 삶을 누리기 위해 꼭 하고 싶은 것이 있다면 그 것은 무엇입니까?

- 바다가 보이는 곳에서 살기
- 나만의 서재 갖기
- 홈시어터 시스템 갖추기
- 캠핑카 구입하기
- 크루즈 여행하기

_____

_____

_____

_____

7. 성취

죽기 전 개인적으로 꼭 성취하고 싶은 것이 있다면 무엇입니까?

- 가구 직접 만들어보기
- 내 마음을 담은 노래 작곡하기
- 다른 사람들에게 도움이 될 자서전 쓰기
- 미술 작품 전시회 열기
- 기립 박수 받는 강연하기

_____

_____

_____

_____

8. 가족

죽기 전 가족을 위해 꼭 하고 싶은 것이 있다면 그것은 무엇입니까?

- 부모님께 효도하기 (직장인 버킷 리스트 3위)
- 나랑 똑 닮은 2세 낳기
- 매주 배우자와 데이트하기
- 친구 같은 부모 되기
- 가족의 전통 만들기 (가족 홈페이지, 가족 여행, 크리스마스 등)

_____

_____

_____

_____

_____

9. 사회 공헌

죽기 전에 지역사회를 위해 꼭 공헌하고 싶은 것이 있다면, 그것은 무엇입니까?

- 자원봉사자로 봉사하기
- 장학재단 만들기
- 재정지원으로 아프리카에 있는 아이들 입양하기
- 지식 기부하기
- 여성 야구단 창단하기

_____

_____

_____

_____

10. 기타

위의 질문들 외에 꼭 하고 싶은 것이 있다면, 그것은 무엇입니까?

- 하루 동안 다른 삶 살아보기
- 마음이 갑갑할 때 야구장에 가서 신나게 응원하기
- 애완동물 키워보기
- 일주일 동안 스마트폰 없이 생활하기
- 하루 종일 시내를 돌아다니면서 구걸하는 사람을 만나면 만 원씩 주기

_____

_____

_____

_____

버킷 리스트 작성을 돕는
'기적의 질문'

세상이 풍요와 기회로 가득 찼는데도,
너무나 많은 사람들이 물통대신에 찻숟가락을 들고 인생의 샘으로 온다.
그들은 적게 기대하므로, 결과적으로 적게 얻는다.

— 벤 스윗랜드 —

앞선 제약 질문에 당신만의 간절한 답을 작성하느라 수고 많았습니다. 이 질문들은 삶이 1년밖에 남지 않았다는 가정 하에 죽기 전에 꼭하고 싶은 것을 작성하는 것이어서 보다 간절한 것들을 위주로 하여 작성했을 것입니다. 혹시 간절히 하고 싶은 것이 떠올랐는데도 재정적인 현실 때문에 제외시키지는 않았나요? 아니면 예답으로 드린 것이 당신에게는 단지 사치스러운 꿈이라는 생각밖에 나지 않았나요?

괜찮습니다. 이번에는 현실을 벗어나 당신 생각의 한계를 끝없이 펼칠 수 있는 기회를 드릴 테니까요. 당신의 미래가 모든 면에서 완벽하다면 무엇을 하고 싶은지 한번 마음껏 꿈꿔보십시오. 어린 시절로 돌아가 그때 꿈꿨던 것처럼 신나고 재미있는 꿈을 꿔보는 것도 괜찮습니다.

당신이 하고자 하는 것을 가로막는 것은 하나도 없습니다. 당신에게는 시간의 제약도 없습니다. 120세까지 산다고 생각해도 좋습니다. 현대 의학의 발전은 이를 가능하게 하고 있습니다. 돈의 제약도 없습니다. 100억이든, 1,000억이든 어마어마한 돈이 은행에 예금되어 있어 언제든지 찾아 쓸 수 있다고 생각해보는 겁니다.

또한 하고자 하는 일이 무엇이든 당신은 이미 그것에 대한 지식과 경험을 모두 갖췄습니다. 도움이 필요한 사람들이 있다면 그들도 이미 다 준비가 되어있습니다. 이런 조건이 당신에게 주어진다면 어떻게 하겠습니까? 이 상황에서 당신은 무엇을 하고 싶습니까?

1년이라는 시간 제약이 주어졌을 때는 꼭 하고 싶은 간절한 바람들을 가지게 되지만, 이와 달리 시간과 재정에 제약이 없어진다면 간절함보다는 강렬한 욕망을 자극하는 것에도 관심을 보이게 됩니다. 그동안 재정적인 제약 때문에 감히 생각조차 할 수 없었던 것도 생각할 수 있게 됩니다.

어쩌면 이번에는 황당하고 터무니없는 생각을 하는 분도 있을 것입니다. 그래도 괜찮습니다. 상상의 나래를 펼치십시오. 이번 질문의 목적은 당신이 생각의 한계를 넘어서서, 하고 싶은 강렬한 욕망을 느끼는 것들을 찾아내는 것입니다.

자, 이제 앞에서 이미 주어진 것과 유사한 질문을 하도록 하겠습니다. 당신이 원하는 것은 무엇이든지 할 수 있도록 돕는 요술 지팡이가 주어졌다고 생각하면서 어린아이처럼 들뜬 마음으로 떠오르는 생각을 바로 기록하기 바랍니다.

1. 여행

만약 당신이 가고자 하는 곳은 어디든지 갈 수 있다면, 어디를 가고 싶습니까?

_____

_____

2. 건강

당신이 더 나은 건강한 모습을 갖기 위해 하고 싶은 것이 있다면 그 것은 무엇입니까?

_____

_____

3. 배움

당신이 무엇이라도 배울 수 있는 능력이 있다면 무엇을 배우고 싶습 니까?

_____

_____

4. 모험

당신이 어떤 일에도 두려움을 느끼지 않는다면, 어떤 일에 모험을 하 고 싶습니까?

_____

_____

5. 직업

지금 당신의 직업이 세상에서 사라진다면 새롭게 도전하고 싶은 직업은 무엇입니까? (직업에는 수명이 있기 때문에 여러 개를 적어도 무방합니다.)

_____

_____

_____

6. 풍요로운 삶

당신이 어느 것에도 구애받지 않고 마음껏 풍요로운 삶을 살아갈 수 있다면 무엇을 하고 싶습니까?

_____

_____

_____

_____

7. 성취

모든 기회가 주어진다면 당신은 개인적으로 성취하고 싶은 것이 무엇입니까?

_____

_____

_____

_____

가족을 위해 해주고 싶은 것이 있다면 그것은 무엇입니까?

_____

_____

_____

_____

더불어 사는 삶, 지역사회를 위해 공헌하고 싶은 것이 있다면 그것은 무엇입니까?

_____

_____

_____

_____

위의 질문에 해당되지 않는 것으로 하고 싶은 것이 있다면, 그것은 무엇입니까?

_____

_____

_____

_____

효과적인 버킷 리스트 작성 방법

우리는 정해진 한계의 울타리 내에서 살고 있다.
하지만 우리가 정한 한계의 울타리를 얼마든지 더 밖으로 밀어내 확장할 수 있다.

— 스티븐 R 코비 박사 —

이번에는 어땠습니까? 더 흥분되고, 가슴 떨리고, 신나며, 마음을 즐겁게 해주는 멋진 꿈들을 적었나요? 너무 많이 적어서 그걸 어느 세월에 다 이룰지 걱정이 된다고요? 우선은 생각이 떠오르는 대로 가능한 많이 적는 것이 좋습니다.

지금까지의 질문에 대한 대답을 모두 적었다면 그 대답들을 주의 깊게 다시 읽어보기 바랍니다. 읽어보면서 필요하다면 꿈의 크기를 조정합니다. 너무 작은 꿈이라고 생각된다면 그 꿈의 크기를 키워봅니다. 당신이 보기에 너무 황당하다고 느낄 정도로 큰 꿈이라고 생각된다면 그 꿈의 크기를 조정합니다. 하지만 그래도 줄이고 싶지 않을 정도로 간절히 원하는 꿈이라면 그대로 놔둬도 괜찮습니다.

나중에라도 꿈의 크기가 마음에 들지 않는다면 얼마든지 조정할 수 있습니다. 당신이 세상을 보는 시야가 넓어지면 넓어질수록 당신의 꿈의 크기도 그에 따라 커질 것입니다. 또한 당신이 원하는 꿈의 종류도 더욱 다양해질 것입니다.

꿈은 계속해서 진화할 것입니다. 그러니 처음부터 완벽한 버킷 리스트를 작성해야 한다는 부담을 가질 필요는 없습니다.

이제는 정해진 양식 표에 정리하여 버킷 리스트를 완성하는 방법을 설명하도록 하겠습니다. 먼저 항목부터 이해할 필요가 있습니다.

1. 성명

'_____ 의 버킷 리스트'라는 제목 칸에 당신의 성명을 적습니다.

2. 작성일

버킷 리스트는 한 번 작성하고 끝나는 것이 아닙니다. 이후에도 새로이 하고 싶은 것들이 떠오르면 계속 추가할 수 있습니다. 작성일을 기입하는 것은 역사적인 가치가 있습니다.

3. 분류

꼭 일률적으로 정해져 있는 것은 아닙니다. 개인의 선호도에 따라 분류할 수 있습니다. 일반적인 분류 기준으로 성취, 여행, 모험, 배움, 직업, 건강, 풍요로운 삶, 가족, 종교, 사회공헌 등을 사용할 수 있습니다.

가능하면 어느 하나에 너무 치우치지 않는 것이 좋습니다. 예를 들어, 여행을 좋아한다고 여행가고 싶은 장소로만 버킷 리스트를 가득 채울 수는 없지 않습니까?

균형 잡힌 삶을 원한다면 내가 원하는 꿈 리스트가 특정 분야에 편중되지 않도록 세심하게 작성하는 것이 좋습니다.

4. 내용

앞서 질문에 답한 내용들, 꼭 실현되기를 원하는 당신의 꿈을 옮겨 적습니다.

5. 제한

'제한'은 '제한된 믿음'을 줄여서 표현한 것입니다. 당신이 하고 싶은 꿈들을 하나씩 하나씩 생각할 때 간절한 마음은 있지만, 마음속에 두려움을 느끼거나 의심이 일어난다면 이 항목에 체크 표시(∨)를 합니다.

체크 표시가 된 꿈은 현재 상태로는 결코 이룰 수 없는 꿈입니다. 이를 이루기 위해서는 현재 당신에게 두려움을 느끼게 하거나 의심을 일으키는 '제한된 믿음'이 무엇인지 밝혀내어 이를 새로운 믿음으로 바꿀 필요가 있습니다. 이를 위해 사용하는 도구가 '자성예언'인데, 자세한 사항은 꿈 실현의 2번째 도구인 '자성예언'에서 다루겠습니다.

6. 보물

'보물'은 꿈 실현의 4번째 도구인 '보물지도'를 줄여서 표현한 것입니다. 당신이 하고 싶은 일들이 이루어지는 것을 머릿속에서 상상하는 것이 어렵다면 이 항목에 체크 표시(∨)를 합니다.

체크 표시가 된 꿈도 현재 상태로는 결코 이룰 수 없는 꿈이라 할 수 있습니다. 이를 이루기 위해서는 눈으로 직접 볼 수 있는 사진이나 이미지로 만든 '보물지도'를 만들어 당신의 상상을 구체화시키고, 계속해서 자극을 주어야 합니다.

'보물지도' 작성 방법은 꿈 실현의 4번째 도구에서 자세히 다루겠습니다.

7. 기한

당신이 원하는 꿈을 이루기 위해 가능한 연도를 표시합니다. 무엇보다 먼저 이루고 싶은 꿈들부터 가능한 연도를 기입합니다. 가까운 미래는 연도 예측이 가능하겠지만, 먼 미래는 예측이 쉽지 않으므로 5년 단위로 기입해도 됩니다.

8. 시작일

당신이 버킷 리스트 상의 한 가지 꿈을 이루기 위해 무언가를 시작했다면, 그 시작 연도를 표시합니다.

9. 달성일

당신이 버킷 리스트 상의 꿈을 마침내 이루었다면, 그 달성 연도를 표시합니다. 기한에 맞춰 달성했다면 체크 표시(∨)만 해도 좋습니다.

번호	작성일	분류	내 용

	제약	보물	기한	시작일	달성일

이제 완성된 버킷 리스트를 기한별, 분류별로 재정리할 필요가 있습니다. 이런 번거로움 때문에 가능하면 표 작성 프로그램을 이용하여 작성하는 게 좋습니다. 계속 버킷 리스트에 꿈을 추가할 경우 특히 더 그렇습니다.

표 작성 프로그램을 이용하면 언제든 당신이 원하는 방법에 따라 버킷 리스트를 재정리할 수도 있습니다. 분류별로 균형 있게 버킷 리스트가 작성되었는지 확인하려면 표 작성 프로그램의 정렬 기능을 사용하여 분류별, 기한별로 정렬합니다. 버킷 리스트 상의 꿈의 개수가 얼마 되지 않을 때는 문제될 것이 없지만 꿈의 개수가 늘어나면 늘어날수록 표 작성 프로그램을 이용하는 것이 훨씬 편리할 것입니다.

버킷 리스트를 잘 활용하기 위한 몇 가지 Tip을 드리겠습니다.

첫째, 버킷 리스트에 당신이 어려서부터 지금까지 이미 성취한 경험들을 정리하여 포함시킵니다. 이 작업은 당신의 과거를 되돌아보면서 당신 마음속에만 기억해두었던 버킷 리스트를 기록으로 남기는 당신 개인의 역사 작업이 될 것입니다. 또한 이미 달성한 버킷 리스트가 있다는 것이 미래의 꿈을 이루는 데 큰 동기부여가 될 것입니다.

둘째, 버킷 리스트에 지금 당장 실행할 수 있고, 그것도 단기간에 성취할 수 있는 꿈을 한 가지 이상 기입합니다. 만약에 버킷 리스트에 기입된 꿈들을 바로 시작할 수도 없고, 1~2년 내에 이룰 수 없는 장기적인 꿈들로만 모두 구성되어 있다면 그것이 아무리 좋은 꿈들이라 할지라도 곧 기억 속에서 물거품처럼 사라져버릴 것입니다. 꿈을 연속성 있게 이어가는 버킷 리스트를 만들어 당신의 삶을 채우십시오.

셋째, 버킷 리스트에서 가장 우선적으로 이루고 싶은 꿈의 내용을 7장 내외의 명함 만한 카드에 같은 내용을 한두 단어로 적습니다. 세계일주, 몸짱, 취직, 새 아파트, 이런 식으로 말입니다. 이 카드를 가장 많이 볼 수 있는 곳, 예를 들면 침대 머리맡, 화장실 거울이나 화장대, 책상 위, 지갑 속, 수첩 속 등에 붙여둡니다.

이렇게 하는 것은 어느 때라도 항상 그 글자가 눈에 띄도록 하여 그 이미지가 깊이 머릿속에 새겨지도록 하기 위함입니다. 이 방법으로 더 자주 간절한 욕망을 불러일으킬 수가 있습니다.

넷째, 간절한 욕망을 더 자주, 더 강렬하게 불러일으키도록 버킷 리스트 보물지도를 작성합니다. 인터넷 상에서 버킷 리스트 상의 꿈에 가장 적합한 사진 이미지를 검색한 후 이를 스마트폰 사진 꾸미기 앱을 활용하여 버킷 리스트 보물지도를 만들 수 있습니다. 이렇게 하면 언제, 어디서든지 원할 때마다 당신이 원하는 꿈들을 생생한 사진 이미지로 보면서 이를 이루고자 하는 간절한 욕망을 불러 일으킬 수 있을 것입니다.

버킷 리스트 보물지도 작성방법에 대해서는 꿈 실현의 4번째 도구인 스마트폰 보물지도에서 자세히 다루겠습니다.

다음은 이해를 돕기 위해 20대 여대생인 김윤아의 버킷 리스트와 30대 남자 회사원인 이종혁의 버킷 리스트를 예시로 실어보았습니다.

1번에서 4번까지는 어려서부터 지금까지 성취한 경험을 토대로 하여 작성한 것입니다. 이 경험들을 보면 과거의 기억들이 새록새록 떠오르면서 여러 가지 좋은 감정들이 가슴속을 뭉클하게 만들어줍니다.

5번은 지금 당장이라도 마음만 먹으면 실행할 수 있는 작은 꿈을 적었습니다. 그래서 꿈을 이루는 데 장애가 되는 '제한된 믿음'도 없고, 또한 꿈을 이루기 위해 생생한 상상을 자극할 필요도 없기 때문에 '보물지도'를 만들 필요도 없습니다.

6번부터 16번까지는 20~30대들이 주로 원하는 꿈들을 다양한 주제로 나누어 적었습니다.

김윤아의 버킷 리스트 (20대, 대학생, 여자)

번호	작성일	분류	내 용	제약	보물	기한	시작일	달성일
1	2002	배움	과학경진대회 우수상 수상					V
2	2008.1.1	성취	광고홍보학과 입학하기					V
3	2013.1.20	모험	호감가는 남자에게 먼저 대시하기	V				V
4	2013.3.2	성취	벼락치기 말고, 꾸준히 공부해서 장학금 타기					V
5	2013.6.10	성취	거품목욕 하기			2013.8		
6	2013.6.12	직업	사전 정보 꼼꼼하게 수집해서 A기업 인턴사원 되기	V		2014.12	2013.6.15	
7	2013.6.12	성취	공모전에 참여해서 3위권 안에 들기			2014.12	2013.6.28	
8	2013.6.12	성취	A기업 신입사원 되기	V		2015.2		
9	2013.4.1	여행	미국에서 열린 비욘세 콘서트 가기			2015.12		
10	2013.5.3	여행	운동 열심히 해서 비키니 입고 해수욕장 가기			2015.12		
11	2013.5.8	기타	학자금 대출 모두 상환하기			2017.12		
12	2013.6.21	성취	마음에 드는 책, 초판으로 100권 모으기			2018.12	2013.6.21	
13	2013.5.8	성취	독립해서 내 집 꾸미기	V	V	2020.12		
14	2013.7.1	풍요	절약해서 빨간 색 내 차 갖기			2020.12		
15	2013.8.10	가족	부모님 결혼식 30주년에 해외여행 보내드리기			2021.10		
16	2013.8.21	여행	캐나다 오로라 투어가기	V	V	2025.12		

이종혁의 버킷 리스트 (30대, 회사원, 남자)

번호	작성일	분류	내용	제약	보물	기한	시작일	달성일
1	1993.1	배움	태권도 검은 띠 따기					V
2	2000.1.1	배움	미국으로 어학연수 가기					V
3	2004.6.1	가족	사랑하는 여자친구와 1년 넘게 연애하다가 32살 되기 전에 결혼하기					V
4	2013.7.1	봉사	장기기증 신청하기	V				V
5	2013.7.1	취미	아버지한테 낚시 배우기			2013.12		
6	2012.9.20	취미	'먼지가 되어' 기타로 연주하기			2014.12	2012.10	
7	2013.7.3	여행	2014브라질월드컵 현지에 가서 응원하기			2014.7	2013.7	
8	2013.3.1	모험	동호회 통해서 하프 마라톤 도전하기	V		2015.6	2013.3.1	
9	2013.7.3	성취	100가지 브랜드의 맥주 마시기			2015.6	2013.7.3	
10	2013.6.27	성취	역사소설 100권 읽기			2015.12	2013.6.27	
11	2013.8.1	성취	목공 배워서 내 책상 직접 만들기			2020.6		
12	2013.6.1	성취	사업 종잣돈 5억 이상 마련하기	V	V	2020.12		
13	2013.6.1	풍요	저축해서 40평대 이상의 집으로 이사가기	V	V	2025.12	2013.6.1	
14	2013.8.10	풍요	캠핑카 사기	V		2030.12		
15	2013.4.1	건강	나의 건강을 위해 담배 끊기	V		평생	2013.4.1	
16	2013.4.20	가족	가족들에게 사랑한다는 말 자주 하기			평생	2013.4.30	

꿈 실현 도구 2

자성예언(Self-Fulfilling Prophecy)

– 스스로에게 운명을 바꾸는 말을 예언한다 –

"우리는 우리가 하는 말을 자성예언 하는 것이 아니다.
그 말에 대해 우리가 어떻게 느끼는가를 자성예언 하는 것이다.
만약 당신의 자성예언이 거짓말처럼 느껴진다면,
당신은 그 반대말로 자성예언하고 있는 것이다."

자성예언이 실현되는 속도는 당신의 믿음과 정비례한다.

두 천재 화가의 운명을 가른
습관적인 말 차이

우리는 말이 사람에게 미치는 영향력에 대해 20세기를 대표했던 두 천재 화가의 언어 습관을 통해 알아보겠습니다. 이 언어 습관이 그들의 삶에 어떤 결과를 미쳤는지 알면 놀라움을 금치 못할 것입니다.

먼저 여기 불운한 천재화가 한 명이 있습니다. 그는 동생과 자주 편지를 주고받았는데 편지 내용 중에는 이런 표현이 많았다고 합니다.

"나는 돈과 인연이 없는 것 같아."
"나에게 슬픔은 끝없이 지속되고 있어."
"나는 평생 비참하게만 살다가 죽을 거야."

어떻습니까? 좋은 기분이 느껴지나요? 과연 이 표현을 사용한 천재 화가의 삶은 행복했을까요? 또는 그의 삶이 풍요로웠을 거라고 생각하나요? 그는 오랫동안 건강하게 살면서 장수했을까요? 그는 살아 있는 동안 사람들로부터 화가로 인정을 받았을까요?

당신도 이미 예상했듯이 전혀 그렇지 않았습니다. 당신은 어떻게 화가의 불운한 삶을 짐작할 수 있었나요? 그가 사용했던 말로 그의 삶을 예측하는 것이 가능했던 건가요? 그렇다면 이런 어둡고 부정적인 말을 사용했던 천재화가는 과연 누구였을까요?

바로 빈센트 반 고흐(Vincent van Gogh)였습니다.

빈센트 반 고흐는 1853년 3월 30일 네덜란드에서 출생하여 1890년 37세의 젊은 나이에 자살로 비극적인 생애를 마감했습니다. 고흐는 늘 빈곤과 질병에 시달렸습니다. 그는 죽기 전까지 동생에게서 생활비를 지원받아 생활했을 정도였습니다. 고흐는 서양 미술사상 가장 위대한 화가 중 한 사람으로 추앙받지만 살아서는 빛을 보지 못했습니다. 그가 죽은 지 11년이 되던 해, 파리에서 유작 전시회가 있었는데 그때를 계기로 고흐의 명성이 널리 퍼졌습니다. 얼마나 안타까운 일입니까!

여기 또 한 사람의 천재화가가 있습니다. 그는 기회가 될 때마다 다음과 같은 말들을 입에 달고 다녔다고 합니다.

> "나는 미술사에 한 획을 긋는 화가가 될 것이다."
> "나는 그림으로 억만장자가 될 것이다."
> "나는 갑부로 살다가 갑부로 죽을 것이다."

이번에는 어떤 느낌이 드나요? 앞서 읽었던 반 고흐의 말과는 확연히 다른 느낌이 들지 않나요? 그렇다면 이 천재화가의 삶은 어땠을 거라고 생각하나요? 그의 삶은 풍요로웠을까요? 그는 살아 있는 동안 훌륭한 화가로 인정받았을까요?

당신도 이미 예상했듯이 물론 그랬습니다. 그렇다면 이런 밝고 긍정적인 말들을 사용했던 천재화가는 과연 누구였을까요?

바로 파블로 피카소(Pablo Picasso)였습니다.

파블로 피카소는 1881년 10월 25일 스페인에서 출생하여 1973년 92세까지 장수하며 왕성한 작품 활동을 했습니다. 죽기 며칠 전까지도 그림을 그렸다고 하니 그가 얼마나 축복 받은 사람이었는지 알 수 있습니다. 우리 모두가 원하는 9988234(**99세**까지 **팔팔(88)**하게 살다가 **2~3일** 동안 몸 져 누운 후에 **죽는(4)** 것)에 아주 가까운 삶을 살았다고 할 수 있습니다.

피카소는 사는 동안 예술가로서 누릴 수 있는 거대한 성공과 명예와 부를 다 얻었습니다. 그는 20세기 예술가 중 가장 유명하며 가장 많은 부를 축적한 화가였습니다. 그는 한 세기에 가까운 긴 생애 동안 1만 3,500여 점의 그림과 700여 점의 조각품을 창작했습니다. 그의 작품 수를 전부 합치면 3만여 점이 된다고 합니다.

피카소가 처음 스페인에서 파리로 왔을 때는 20살의 나이에 무일푼이었고 또한 이름 없는 화가였습니다. 하지만 10년이 지나 30살이 되었을 때, 피카소는 파리 최고급 주택가에서 하녀와 요리사와 운전기사를 두고 생활할 정도로 작품성을 인정받아 부유하게 되었습니다.

피카소 작품의 가격은 그가 살아 있을 당시부터 고가에 매매되고 있었습니다. 1960년대 당시 피카소는 유화만 500점 이상 소유하고 있었고, 수채화나 데생 등은 이보다 훨씬 많이 갖고 있었는데, 그의 소품 하나가 1억 6,000만 원에 팔렸다고 합니다. 그러니 피카소 자신이 소장한 작품들의 가치만으로도 그는 이미 프랑스에서 손꼽히는 억만장자였습니다.

파블로 피카소와 빈센트 반 고흐, 이 두 사람은 당대를 풍미한 천재 화가들이었습니다. 하지만 두 사람의 인생은 극과 극을 달렸습니다. 그것도 자신이 평상시에 자주 생각하고 자주 표현했던 말대로 이루어지는 삶을 살았습니다. 결국 그들 스스로에게 입버릇처럼 하던 말들이 스스로의 삶을 결정짓는 예언이 되었던 것입니다.

자성예언(Self-Fulfilling Prophecy)이란?

어떤 이들은 말한다. 입밖에 나오는 순간 말은 죽는다고.
나는 말한다. 말은 바로 그 날 살기 시작한다고.

– 에밀리 디킨슨 –

최근 연구결과에 따르면, 우리 뇌 속의 언어중추신경이 몸 전체의 모든 신경계를 지배하고 있다고 합니다. 이 말은 우리가 사용하는 언어가 실질적으로 인간의 행동을 지배할 수 있다는 의미입니다. 좀 더 쉽게 말하자면, 언어가 우리의 행동을 바꾸고 우리의 삶을 바꿀 수 있다는 말입니다.

우리는 앞서 고흐와 피카소의 각각 다른 언어 습관을 살펴보면서, 그들의 말이 어떤 파장을 일으켰고, 서로 다른 운명을 만들어냈는지 그 사실을 확인할 수 있었습니다.

언어에는 힘이 있습니다. 바로 이러한 언어의 힘을 자기 자신에게 사용하여 원하는 삶으로 바꾸려는 것이 자성예언의 목적입니다.

자성예언이란?

자성예언은 우리가 갖고 싶은 것, 하고 싶은 것, 되고 싶은 것에 대한 적극적인 믿음을 나타내는 말입니다. 자성예언은 우리가 바꾸려고 하거나 새로이 기대하는 행동, 습관, 성품에 대한 긍정적인 믿음을 나타내는 말입니다. 어떻게 보면 우리가 입으로 표현하는 모든 말은 자성예언이 될 수도 있습니다.

하지만 자성예언은 특히 우리가 의식적으로 원하는 것에 초점을 맞추면서 입으로 표현하는 믿음의 말입니다. 자성예언은 반복해서 사용할 때 우리의 마음속에 깊이 새겨져 우리가 원하는 대로 될 것이라는 좋은 예감이나 확신 등과 같은 감정을 불러일으킵니다.

자성예언(Self-fulfilling Prophecy)은 자기 확언(Self-affirmation), 자기 암시(Self-suggestion) 등과 함께 사용되는 말입니다. 하지만 그대로 이루어지기를 확신하는 자신의 믿음을 나타내는 말로써 그 사용 의도에 가장 적합한 용어가 '자성예언'이라 생각되어 이 책에서는 '자성예언'이라는 말을 사용합니다.

자성예언의 기원

사회학자 로버트 케이 머튼 (Robert K. Merton)이 자신의 저서 '사회 이론과 사회 구조 Social Theory and Social Structure'에서 '자성예언'이라는 용어를 사용했고, 그 구조와 결과를 형식화했습니다. 이로 인해 그가 '자성예언'이란 신조어를 만든 것으로 평가 받고 있습니다. 머튼이 사용한 '자성예언'은 잘못된 믿음이 두려움을 낳아 현실이 된다는 것을 입증했습니다.

예를 들면, 어떤 여자가 남편이 다른 여자가 생겨 자기 곁을 떠날 거라는 잘못된 생각을 합니다. 이런 생각을 거듭하게 되면 그 생각이 그녀에게 잘못된 믿음으로 자리 잡게 됩니다. 이로써 그녀는 직간접적으로 자신의 잘못된 믿음이 현실이 되게 할 방법으로 행동하게 됩니다. 그녀는 쉽게 질투하는 모습을 보입니다. 남편이 그냥 아는 사이인 다른 여성들과 함께 할 때도 의심의 눈으로 봅니다. 혹시 남편이 바람을 피우고 있지 않나 라고 의심하며 남편을 들들 볶아댑니다. 또한 외도의 증거를 찾기 위해 남편의 개인 소지품을 뒤질 수도 있습니다. 결국, 이러한 그녀의 행위가 그들의 결혼을 위태롭게 하여, 그녀의 잘못된 예견이 현실이 되면서, 남편이 그녀 곁을 떠나 다른 여자에게 가게 됩니다.

머튼은 잘못된 믿음에 기반한 자성예언의 저주에서 벗어나는 방법은 잘못된 믿음을 재정의함으로써 가능하다고 결론지었습니다. 오늘날 '자성예언'이라는 용어는 문제가 된 '잘못된 믿음'보다는 잘못된 믿음을 재정의 하는, 해결책으로써의 '긍정적인 믿음'을 나타내는 말로 더 많이 사용되고 있습니다. 즉, 긍정적인 믿음이 확신을 낳아 현실이 된다는 쪽으로 활용되고 있습니다. 세계적인 동기부여 전문가인 브라이언 트레이시도 그런 의미에서 "우리가 확신을 갖고 기대하는 것은 무엇이라 할지라도 우리 자신의 자성예언이 된다."고 말했습니다.

자성예언가 무하마드 알리

자성예언하면 떠오르는 적합한 인물이 있습니다. 미국의 전 프로복싱 세계 헤비급챔피언 무하마드 알리(Muhammad Ali)입니다. 그는 캐시어스 클레이(Cassius Clay)라는 이름으로 1964년에 처음으로 세계 챔피언이 되었습니다. 그 후 1974년에 무하마드 알리(Muhammad Ali)로 다시 세계 챔피언이 되었습니다.

알리는 개인적으로 사람을 만날 때마다 "나는 세계 최고다!"라고 말했습니다. 그는 로커룸에서, 링에서, 라디오나 TV 인터뷰에서, 신문이나 잡지 인터뷰에서, 어디서든지 기회가 되기만 하면 언제든지 들을 수 있는 사람들에게 "나는 세계 최고다!"라고 떠들어 댔습니다. 순식간에 "나는 세계 최고다!"라는 말은 그의 트레이드마크가 되었습니다.

알리는 시합이 있기 전에 항상 예언을 했습니다. 그는 기자회견에서 "나는 5회 안에 그를 케이오 시킬 것이다. 나는 나비처럼 날아서 그에게 벌처럼 쏠 것이다."라고 시적인 표현을 써가며 예언을 했습니다. 알리는 특히 몇 회에 케이오시킬 것인지 예언하는 것을 좋아했습니다.

알리가 기자 회견에서 들떠서 예언하는 것을 보면 마치 허풍을 떠는 것처럼 보입니다. 많은 사람들이 그렇게 생각했습니다. 하지만 그는 다른 사람들의 반응에 개의치 않았습니다. 무엇보다 그는 자신이 한 말을 100% 확신하였습니다. "나는 세계 최고다!"

알리는 링에서도 예언을 하는 것을 잊지 않았습니다. 심판이 규칙을 알려주는 동안에도, 상대선수를 노려보면서 그는 예언했습니다. "나는 세계 최고다! 나는 나비같이 날아서 너에게 벌같이 쏠 것이다. 나는 너를 5회 안에 케이오시킨다." 이런 예언은 거의 효과가 있었습니다.

오직 알리가 예언을 하지 않고 시합에 임한 때가 있었습니다. 바로 레온 스핑크스(Leon Spinks)와 첫 번째 시합을 가졌을 때였습니다. 세상 사람들은 무하마드 알리가 참패당하는 것을 지켜보아야만 했습니다. 하지만 그가 스핑크스와 두 번째로 싸웠을 때는 처음과 달랐습니다. 그는 예언하는 것을 잊지 않았습니다. 그리고 세상 사람들은 무하마드 알리가 세계 헤비급 챔피언 타이틀을 다시 거머쥐는 것을 감동하며 지켜보았습니다. 그의 예언대로 그는 세계 최고였습니다! 그리고 지금도 세계 최고로 기억되고 있습니다.

자성예언 작성 규칙

팔다리가 없어도 나는 뭐든지 다 할 수 있는 온전한 사람이다.

− 닉 부이치치 −

지금부터 우리는 실제로 자성예언을 작성하는 방법을 배워보도록 하겠습니다. 당신이 말하는 그대로 이루어지도록 효과적인 자성예언을 작성하려면, 다음과 같은 규칙을 따르면 됩니다.

첫째, 자성예언에 "나"라는 주체가 되는 말을 포함시킵니다.

'나'라는 주체가 되는 말이 포함될 때, 자성예언은 강력한 힘을 발휘합니다. 우리의 잠재의식은 자성예언의 문장을 우리에게 그런 일이 일어나도록 만들어야만 하는 명령으로 이해하고 받아들입니다. 그런 의미에서 A. L. 킷셀먼은 이렇게 말했습니다.

" '나는 ~이다'라는 문장은 막강한 힘을 가지고 있다. 그러므로 그

빈칸에 어떤 말을 채워 넣을 때는 주의를 기울여라. 당신이 요구하고 표현하고 주장하는 대로 실제로 그것들이 당신을 찾아오고, 당신을 정의한다."

보통 우리는 '나는'으로 시작하는 표현을 사용하여 다음과 같이 자성예언을 만듭니다.

"나는 어떤 상황에서든 감사할 이유를 찾는다."
"나는 시험에 나올 적중 문제를 찾기 위해 수업에 집중한다."
"나는 어디에 있든지 사람들과 잘 어울린다."
"나는 돈을 자석처럼 끌어당긴다."

하지만 '나는'으로 시작되지 않는 자성예언들도 있습니다. 그렇다 하더라도 그 문장에 '나'라는 주체의 표현을 포함시킬 수 있습니다.

"사람들은 내 의견을 존중한다."
"내게 문제는 방향 표시다."
"지금 완벽한 직장이 나를 찾고 있다."

둘째, 자성예언은 현재시제로 표현합니다.

자성예언을 현재시제로 표현하는 것은 우리 자신을 속이려는 의도가 있는 것이 아닙니다. 또한 허풍을 떨려는 것도 아닙니다.

현재시제의 표현은 어감에 따라 자성예언을 이루고자 하는 우리의 단호한 의지를 표현하는 것이 될 수도 있고, 확신에 찬 믿음을 표현하는 것이 될 수도 있습니다.

자성예언을 다음 4가지 표현 방법으로 나타날 때의 차이를 직접 느껴본다면 왜 현재시제로 표현하는 것이 바람직한지를 알 수 있을 것입니다.

바람 ⇨ 소망 ⇨ 미래시제 ⇨ 현재시제

바람은 원하는 것의 뒤에 '~하면 좋겠다.'라는 말을 추가하여 표현합니다. 소망은 원하는 것의 뒤에 '~하고 싶다.'라는 말을 추가합니다. 미래시제는 원하는 것의 뒤에 '~할 것이다.'라는 말을 덧붙입니다. 현재시제는 원하는 것의 뒤에 '~한다.'라고 표현합니다.

이제 원하는 것이 '돈을 자석처럼 끌어당기기'라고 하고, 이를 위의 네 가지 유형으로 자성예언을 표현한다면 다음과 같습니다.

바람 : 나는 돈을 자석처럼 끌어당기면 좋겠다.

소망 : 나는 돈을 자석처럼 끌어당기고 싶다.

미래시제 : 나는 돈을 자석처럼 끌어당길 것이다.

현재시제 : 나는 돈을 자석처럼 끌어당긴다.

읽어본 느낌이 어떻습니까?

'바람'에서 '현재시제'로 나아갈수록 돈을 자석처럼 끌어당기는 느낌이 더 강해지는 것을 느끼셨습니까? 실제로 자성예언을 읽을 때 그것이 현실이 될 수 있다는 좋은 예감이나 확실한 감정을 느끼게 만드는 문장이 어느 것입니까? 현재시제형 문장 아닙니까?

현재시제형 문장은 잠재의식에 받아들여져 그때부터 자성예언이 이루어질 수 있는 상황과 자원에 당신이 자연스럽게 주의를 기울이게 할 것입니다.

셋째, 자성예언은 긍정적으로 표현합니다.

우리의 잠재의식은 우리가 하는 모든 말을 이미지와 느낌으로 해석합니다. 그런데 '아니'라는 부정형의 단어는 이미지와 느낌으로 해석할 수 없기 때문에 잠재의식은 이를 무시하고 나중에 우리의 이성이 이를 판단하게 합니다.

예를 들면, 번지점프를 하고 싶은데 이를 무서워하는 사람이 '나는 번지점프가 무섭지 않다'라고 자성예언을 한다면 어떻게 될까요? 과연 번지점프의 무서움을 극복할 수 있을까요?

결코 그럴 수 없을 것입니다. 왜냐하면 우리의 잠재의식이 이 문장을 '나는 번지점프가 무섭다'라고만 해석하기 때문입니다.

잠재의식은 먼저 '번지점프'라는 단어를 이미지로 그립니다. 그 후 '무섭다'라는 단어를 '번지점프'라는 이미지와 연관 지어 그리면서 공포심이라는 감정을 불러일으킵니다. '~하지 않다.'라는 부정어는 해석할 수 없기 때문에 무시해버립니다.

그 후 우리의 이성이 이 부정어의 의미를 해석하지만 이미 '번지점프'

의 이미지와 '무섭다'라는 감정의 결과가 모두 나타난 상황에서 이성이 부정어를 판단하므로 이미 때는 늦은 상황이 되어버립니다.

'나는 번지점프가 무섭지 않다.'라는 표현은 당신이 원하지 않는 것인 '나는 번지점프가 무섭다.'라는 표현을 단지 반대말로 표현한 것에 불과합니다. 이런 표현으로는 당신이 원하는 것을 얻을 수 없습니다. 그러면 이런 경우 어떻게 긍정적으로 표현할 수 있을까요?

이런 경우 번지점프를 할 때 느끼고 싶은 이상적인 감정 표현을 찾는 것입니다. 그런 감정에 어떤 것이 있을까요?

아마 스릴도 느낄 수 있을 것이고, 새처럼 하늘을 나는 느낌도 있을 것이고, 시원함을 느낄 수 도 있으며, 심지어 편안함을 느낄 수도 있을 것입니다. 이런 느낌 중에 원하는 것을 선택하여 표현할 수 있습니다.

"나는 번지점프 하면서 스릴을 즐긴다."
"나는 번지점프 하면서 새처럼 훨훨 하늘을 난다."
"나는 번지점프 하면서 시원함을 느낀다."
"나는 번지점프 하면서 편안함을 느낀다."

자성예언을 긍정적으로 표현한다는 말은 단지 긍정문을 만드는 것뿐만 아니라, 부정적인 감정을 일으킬 수 있는 단어도 긍정적인 감정을 불러일으킬 수 있는 단어로 바꾸어 표현하는 것을 의미합니다. 예를 들면, 대중 앞에서 말할 때마다 긴장하는 사람이 이를 극복하고자 할 때의 실수는 다음과 같습니다.

부정형('긴장하지 않고')의 표현

"나는 대중 앞에서 긴장하지 않고 당당히 말한다."

부정적 감정('긴장') 단어의 표현

"나는 대중 앞에서 긴장을 풀고 당당히 말한다."

긍정적 자성예언

나는 대중 앞에서 마음의 여유를 갖고 당당히 말한다."

넷째, 자성예언은 될수록 짧고 외우기 쉽게 만듭니다.

자성예언은 언제 어디서든 기회가 될 때마다 말할 수 있어야 합니다. 우리는 하루를 보내면서 자성예언을 말할 수 있는 자투리 시간들이 많습니다. 예를 들면, 운전을 하거나, 줄을 서서 기다리거나, 친구나 고객과의 약속 장소에서 기다리거나, 병원에 가서 진료를 기다리거나, 운동을 하거나, 산책을 하거나, 잠들기 전 침대에 누워있는 등의 시간 말입니다.

시간이 나는 대로 짬짬이 반복해서 말할 수 있도록 자성예언은 될수록 짧아야 하며 외우기 쉬운 말을 사용해야 합니다. 자성예언의 힘은 반복에 있습니다. 혹시 자성예언이 다소 길더라도 몇 개의 덩어리 말로 나누어 쉽게 외울 수 있다면 전혀 상관없습니다.

예를 들어 보겠습니다. 어떤 사람이 풍요로운 삶을 원하여 다음과 같은 자성예언을 만들었습니다.

"나는 풍요로움을 고마운 마음으로

기꺼이 받아들일 준비가 되어 있다."

다소 길게 느껴지지 않습니까? 외우기는 어떻습니까? 외우기도 쉽지 않은 것 같습니다. 그렇다면 이 문장을 어떻게 바꿀 수 있을까요? 이 문장 중에서 핵심이 되는 세 단어 '풍요로움', '감사', '기꺼이'를 선택하여 새로운 문장을 만들면 될 것 같습니다.

"나는 풍요로움에 기꺼이 감사한다."

짧고 외우기 쉽지 않습니까?

다섯째, 마음에 드는 명언이나 좌우명을 찾으면 자성예언으로 바꿉니다.

책을 읽다 보면 저자들의 글 중에 마음에 들거나 감동을 주는 글을 발견하게 됩니다. 특히 자기계발 서적 중에는 유명한 사람들이 남긴 멋진 명언이나 좌우명들이 많습니다. 이런 경우 읽기만 하고 그냥 지나치지 말고 밑줄을 치거나 별도로 기록을 했다가 나중에 자신의 자성예언으로 바꾸어 보십시오.

예를 들면, 발명왕 토마스 에디슨의 탄생 100주년 기념행사 때 그가 살아생전에 사용했던 책상이 공개되었습니다. 그 책상 속에는 여러 가지 물건이 있었는데, 그중에 많은 사람들의 관심을 끈 것은 한 장의 종이 쪽지였습니다.

그 쪽지의 글을 통해 우리는 에디슨이 어떻게 그 수많은 실패 속에서도 긍정적인 마음을 지니고 끊임없이 도전할 수 있었는지를 엿볼 수 있습니다.

'고난에 빠지면 요나를 생각하라.

요나는 고래에 삼켜졌어도 무사히 살아났다.'

이 글이 당신에게 의미 있는 자성예언이 될 수 있다는 생각이 들면 다음과 같이 바꾸십시오.

"나는 고난에 빠지면 요나를 생각한다.

요나는 고래에 삼켜졌어도 무사히 살아났다."

한 가지 예를 더 들겠습니다. 세계 최고 갑부 빌 게이츠는 "몸에 밴 4가지 습관이 성공적인 인생을 만들어냈다."라고 말한 적이 있습니다. 그 4가지 습관은 다음과 같습니다.

1. 시간을 지키는 습관을 들이십시오. 시간이 생명과 돈입니다.
2. 정확하게 하는 습관을 들이십시오. 무엇이든 대충하면 신뢰를 얻지 못합니다.
3. 끝까지 하는 습관을 들이십시오. 쉽게 포기하는 사람은 성공할 수 없습니다.
4. 신속하게 행동하는 습관을 들이십시오. 그렇지 않으면 좋은 기회를 놓칠 것입니다.

만약 이러한 빌 게이츠의 성공 습관을 당신 것으로 만들고 싶다면 다음과 같이 바꿀 수 있습니다.

1. 나는 시간을 지킨다.
2. 나는 정확하게 일한다.
3. 나는 끝까지 해낸다.
4. 나는 신속하게 행동한다.

버킷 리스트 보고 자성예언 만들기

구두는 그냥 구두입니다. 빨간 구두, 노란 구두 다 그냥 구두입니다.
굽이 높은 구두, 낮은 구두 다 그냥 구두입니다.
그러나 구두 앞에 '새'라는 글자 하나가 붙으면 그것은 더 이상 구두가 아닙니다.
설렘입니다. 새 집, 새 차, 새 옷…
어떤 물건도 '새'라는 글자 하나만 붙이면 요술처럼 설렘으로 바뀌고 맙니다.

– 정철 《내 머리 사용법》 –

이제 자성예언 작성 규칙에 따라 버킷 리스트를 보고 자성예언을 만드는 방법을 설명하겠습니다. 우리는 버킷 리스트의 2가지 출처를 참조하여 자성예언을 만듭니다. 첫째는 '내용'이고, 둘째는 '제한' 칸에 체크(∨) 표시입니다.

'내용'보고 자성예언 만들기

먼저 버킷 리스트 상의 '내용'을 보고 자성예언을 만들어보겠습니다. '내용'은 우리가 원하는 꿈을 기록한 것입니다. 그것을 앞서 설명한 자성예언 작성 규칙에 따라 만들면 됩니다.

예를 들어, 어떤 세일즈맨이 버킷 리스트에 "세일즈로 월 1,000만 원 벌기"를 기록했습니다. 이를 작성 규칙에 따라 자성예언을 만들면 다음과 같습니다.

"나는 세일즈로 매달 1,000만 원을 번다."

주체로서의 "나"를 포함시켰습니다. 현재시제로 작성했습니다. 긍정적으로 표현했습니다. 짧고 외우기 쉽습니다. 모든 것이 완벽하지 않습니까?

여기에 하나 더, 버킷 리스트상에 '기한' 정보를 문장 안에 넣을 수 있다면 이를 추가합니다. 만약 기한이 2017년이라면 '2018년부터'를 포함시킵니다. 또한 딱 1,000만 원이라고 말하는 것보다 거기에 '이상'이라는 말을 추가하여 그 한계의 폭을 무한히 넓혀주는 것입니다. 이렇게 하여 만든 자성예언은 다음과 같습니다.

"나는 2018년부터 세일즈로 매달 1,000만 원 이상을 번다."

다른 예를 하나 더 들어보겠습니다. 어떤 여성이 버킷 리스트에 "48kg의 날씬한 몸매 만들기"라고 기록했습니다. 이를 작성 규칙에 따라 자성예언을 만들면 다음과 같습니다.

"나는 48kg의 날씬한 몸매를 만든다."

이 또한 작성 규칙에 철저히 따랐습니다. 하지만 이 문장에도 버킷 리스트 상의 '기한' 정보가 2015년이라면 '2015년까지'라는 문구를 포함시킵니다. 또한 딱 48kg이라고 말하는 것보다 이 경우에는 '이하'라는 말을 추가하여 더 날씬해질 수 있는 여유를 두는 것입니다. 이렇게 하여 만든 자성예언은 다음과 같습니다.

"나는 2015년까지 48kg 이하의 날씬한 몸매를 만든다."

제한된 믿음을 바꾸어 자성예언 만들기

이번에는 버킷 리스트 상의 '제한'란에 체크(∨) 표시가 되어 있는 경우 어떤 자성예언을 만들 수 있는 것인가를 설명하겠습니다. '제한'이라는 말은 '제한된 믿음(Limiting Belief)'을 약어로 표시한 것입니다.

제한된 믿음이란 어떤 것을 하려 할 때 머릿속에서 자꾸 반복적으로 떠오르는 부정적인 생각과 부정적인 감정을 의미합니다. 이 세상에 처음 태어났을 때 우리는 이러한 제한된 믿음이 없는 순수한 상태였습니다. 하지만 어려서부터 우리는 부모님, 형제자매, 친구, 선생님, 종교 지도자, 언론매체, 전통과 문화 등을 통해 많은 정보를 받아들였습니다. 이러한 정보를 수없이 반복해서 듣고, 보고, 경험한 것들을 통해 알게 모르게 이러한 정보가 자연스럽게 우리의 제한된 믿음으로 자리 잡게 되었습니다.

그러면 우리가 제한된 믿음을 갖고 있는지 아닌지를 어떻게 알 수 있을까요? 버킷 리스트에 기록된 꿈을 읽을 때 긍정적인 생각과 감정이 드는지, 아니면 부정적인 생각과 감정이 드는지 판단하는 것입니다. 만약 후자에 해당된다면 당신은 제한된 믿음을 갖고 있는 것입니다.

예를 들면, 당신이 버킷 리스트에 "세일즈로 월 1,000만 원 벌기"를 기록했습니다. 그리고 그 내용을 읽으니 마음속에 불편한 느낌이 들면서, 머릿속에 다음과 같은 부정적인 생각이 든다면 당신에게는 제한된 믿음이 있는 것입니다.

"나는 사람들을 만나는 게 두려운데,
내가 어떻게 세일즈로 월 1,000만 원을 벌 수 있겠어?"

이 경우 당신은 다음과 같은 제한된 믿음이 있는 것입니다.

"나는 사람들을 만나는 게 두려워."

만약 이런 제한된 믿음을 극복하지 못한다면 당신이 아무리 월 1,000만 원을 벌겠다는 간절한 느낌이 있다 하더라도 결코 그 꿈은 이루어지지 않을 것입니다. 이제 제한된 믿음을 대신할 새로운 믿음을 만드는 것이 필요합니다.

그러면 이러한 제한된 믿음을 대신할 자성예언을 어떻게 만들 수 있을까요? 일반적으로 제한된 믿음의 말에는 부정적인 감정의 단어가 포함되어 있습니다. 우선 그 부정적인 감정의 단어(두려워)를 찾아 긍정적인 감정의 단어(즐거워)로 바꾸면 됩니다.

"나는 사람들을 만나는 게 즐겁다."

또 다른 예를 들어보겠습니다. 당신이 버킷 리스트에 "48kg의 날씬한 몸매 만들기"를 기록했습니다. 그런데 마음속에 불편한 느낌이 들면서, 머릿속에 다음과 같은 부정적인 생각이 듭니다.

"우리 집안 대대로 사람들이 다 뚱뚱했대.
지금 우리 가족들도 모두 뚱뚱하잖아.
그러니 내가 어떻게 날씬해질 수 있겠어?"

이 경우 당신은 다음과 같은 제한된 믿음이 있는 것입니다.

"우리 집안은 대대로 다 뚱뚱해."

여기에서도 우리는 '뚱뚱해'라는 부정적인 감정의 단어를 발견합니다. 그 생각을 하는 순간 당신은 뚱뚱한 자신의 모습을 상상할 수밖에 없습니다. 그리고 결국 뚱뚱해지는 방법을 계속 모색하게 됩니다.

그러면 이 경우에는 어떻게 자성예언을 만들면 좋을까요? 우선 '날씬하다'라는 말을 사용하여 자성예언을 만들 수 없습니다. 그 이전에 제한된 믿음("우리 집안은 대대로 다 뚱뚱해.")을 대신할 자성예언을 만드는 것이 먼저입니다. '모두가 뚱뚱하다'고 믿는 것을 '나만 예외'라는 믿음으로 바꾸는 것입니다.

"우리 집안에서는 나만 특별하다."

이렇게 특수한 예외 상황을 설정하여 새로운 믿음을 만듭니다. 그리고 나서 원하는 결과인 '날씬하다'는 표현을 구체적으로 사용하여 이미 만들어 둔 자성예언을 추가하면 됩니다.

"나는 2015년까지 48kg 이하의 날씬한 몸매를 만든다."

추가로 자성예언 만들기

자성예언은 가능하면 버킷 리스트상의 꿈 하나당 최대 3~4개로 작성하는 것이 좋습니다. 이미 언급했듯이 자성예언의 효과는 반복에 있기 때문에 기록해 놓은 것을 보지 않고도 외워서 말할 수 있는 것은 큰 장점이 될 수 있습니다.

자성예언은 '내용'을 보고 하나 작성할 수 있고, 제한된 믿음을 생각하며 또 하나를 작성할 수 있습니다. 물론 제한된 믿음이 더 있다면 추가할 수도 있습니다. 그 외에 더 추가하고자 한다면, 버킷 리스트의 꿈을 성취하기 위해서 필요한 자질이나 역할 모델, 꿈이 성취되었을 때의 결과를 상상하며 1~2개의 자성예언을 더 추가하면 됩니다.

물론 더 많은 자성예언을 추가할 수 있습니다. 이 경우는 가장 중요한 것 3~4개를 선택하여 외워서 언제 어느 때든지 자성예언을 말할 수 있도록 합니다. 전체 자성예언을 기록한 메모는 수시로 볼 수 있는 곳에 비치해서 기회가 나는 대로 보고 자성예언을 말할 수 있도록 하면 되겠습니다.

앞서 예로 들었던 '세일즈로 월 1,000만 원 벌기'로 자성예언을 만들어 보도록 하겠습니다. 먼저 연봉 1억 이상을 벌려면 프로 정신이 필요할 것입니다. 세일즈 분야에서 따르고 싶은 역할 모델을 생각할 수 있습니다. 또한 꿈이 성취되었을 때 일어나게 될 일들을 상상할 수도 있습니다. 이를 토대로 자성예언을 작성해보면 다음과 같을 것입니다.

"나는 모든 준비가 된 프로다."
"나는 조 지라드와 같은 No.1 세일즈맨이다."
(참고로 조 지라드는 미국에서 자동차 판매왕으로 기네스북에 오른 사람입니다.)
"소개로 고객 만나느라 나는 항상 바쁘다."

다음은 '48kg의 날씬한 몸매 만들기'로 자성예언을 만들어 보겠습니다. 먼저 다이어트를 위해 가장 필요한 것이 무엇인지를 생각합니다. 날씬한 몸매를 지닌 이상적인 역할 모델도 생각해 봅니다. 또한 꿈이 성취되었을 때 일어나게 될 일들도 상상해 봅니다. 이제 이를 토대로 자성예언을 만들어보면 다음과 같을 것입니다.

"나는 다이어트 음식과 규칙적인 운동을 즐긴다."
"나는 '미란다 커'와 같이 날씬하다."
"사람들이 내 몸매를 보면 부러워한다."

자성예언이 거짓말처럼 느껴진다면?

그대가 감정으로 느끼면서 믿는 것은
무엇일지라도 현실이 된다.

― 브라이언 트레이시 ―

이제 버킷 리스트를 보고 직접 자성예언을 만드는 과정을 배워보았습니다. 효과적인 자성예언 작성 규칙에 완벽히 따랐습니다. 부정적인 감정이 담긴 제한된 믿음의 단어도 찾아내어 이를 긍정적인 감정의 단어로 바꾸었습니다. 이제 문장상으로는 완벽하게 만들어졌습니다.

그런데 문제는 사람마다 같은 말이라도 받아들이는 느낌이 다를 수 있습니다. 완벽하게 작성된 자성예언을 막상 읽으면서도 "이 말은 현재 사실이 아닌데!"라고 의심하는 사람이 있다는 것입니다. 이런 경우 자성예언은 결코 실현되지 못할 것입니다.

여기 한 가지 중요한 원리가 있습니다.

"우리는 우리가 하는 말을 자성예언 하는 것이 아니다. 그 말에 대해 우리가 어떻게 느끼는가를 자성예언 하는 것이다. 만약 당신의 자성예언이 거짓말처럼 느껴진다면, 당신은 그 반대말로 자성예언하고 있는 것이다."

자성예언이 효과적이려면?

자성예언이 효과적이 되려면 자성예언을 읽을 때 떠오르는 의심을 제거할 수 있어야 합니다. 자성예언의 내용이 아무리 좋다 할지라도 믿지 못하고 의심만 든다면 그것은 결코 이루어지지 않을 것입니다. 자성예언의 내용이 좋고 추호도 의심하지 않고 믿는다면 그것은 생각보다 빠르게 이루어질 것입니다. 왜냐하면 자성예언이 실현되는 속도는 당신이 얼마나 확실하게 믿는가에 달렸기 때문입니다.

자성예언이 실현되는 속도는 당신의 믿음과 정비례합니다.

그렇다면 당신이 자성예언을 추호도 의심하지 않고 믿게 되는 때는 언제일까요? 그것은 자성예언이 사실이라고 느낄 때입니다. 앞서 작성한 예를 들어 보겠습니다.

"나는 조 지라드와 같은 No.1 세일즈맨이다."

만약 당신이 어느 성공적인 세일즈맨에게 "제가 어떻게 하면 선생님처럼 세일즈에서 성공할 수 있을까요?"라고 물었습니다. 그가 당신에게 "저는 매일 기회가 될 때마다 다음의 자성예언을 마음속으로나 소리 내어 말합니다."라고 대답해주었습니다.

이 경우 세일즈에서 성공하고 싶은 마음이 간절한 당신은 이 말을 무조건 신뢰하고 받아들이지 않겠습니까? 그리고 이 말을 기회가 될 때마다 외우지 않겠습니까?

이번에는 당신이 직접 자성예언을 작성했습니다. 당신은 원래 자신감이 넘치고, 세일즈에서 성공하고 말겠다는 집념과 꿈이 있습니다. 이 경우 당신이 이미 조 지라드와 같은 No.1 세일즈맨이 된 것처럼 자성예언을 말하는 것에 어떤 의심도 생기지 않을 것입니다. 도리어 장차 그런 사람이 될 것이라는 기대감에 좋은 감정을 느낄 것입니다.

이번에도 당신이 직접 자성예언을 작성했습니다. 하지만 당신은 세일즈 분야에 초보인데다 사람 만나는 것도 두렵고, 자신감도 부족합니다. 이 경우 당신이 자성예언을 읽는다면 어떻게 될까요?

"내 주제에 무슨 No.1 세일즈맨이야? 지금 꼴찌만 안 해도 다행인데."라는 의심이 든다면, 이 자성예언은 아무리 완벽하게 만들어졌다 하더라도 전혀 효과가 없게 될 것입니다. 아마 반복하면 의심이 사라진다는 말을 듣고 따라 해도 별로 효과가 없다는 것을 알게 될 것입니다.

이와 같이 자성예언이 진실이 아니라 거짓말처럼 느껴진다면 방법을 달리 해야 합니다. 자성예언을 조정하여 진실로 받아들일 수 있게 만들어야 합니다.

어떻게 조정할 수 있겠습니까?

다음의 3가지 해결 방법 중에서 진실로 받아들이는 데 부담이 되지 않는 가장 좋은 방법을 선택하여 조정하면 되겠습니다.

1. 가능성을 나타내는 표현 추가

첫 번째 해결 방법은 가능성을 나타내는 표현을 자성예언에 추가하는 것입니다. 우리는 모두 무한한 잠재력이 있습니다. 그러므로 무한한 가능성이 있습니다. 우리는 무엇이든 할 수 있습니다. 따라서 '~ 잠재력이 있다.'와 같은 가능성을 나타내는 표현들은 언제나 진실입니다!

앞서 예를 든 자성예언에 가능성을 나타내는 표현을 추가하여 새로운 자성예언을 만들면 다음과 같습니다.

"나는 조 지라드와 같은 No.1 세일즈맨이다."
→ "나는 조 지라드와 같은 No.1 세일즈맨이 될 잠재력이 있다."

2. 믿음의 의미를 나타내는 표현 추가

두 번째 해결 방법은 '~할 좋은 예감이 든다', '~하다는 확실한 느낌이 든다'와 같은 믿음의 의미를 나타내는 표현을 자성예언에 추가하는 것입니다. 우리가 자성예언을 작성할 때는 그것이 미래에 이루어질 것을 기대하는 믿음을 갖고 만듭니다. 따라서 우리는 원하는 것이 이루어질 것이라는 좋은 예감을 가질 수 있습니다. 원하는 것이 이루어질 것이라는 확실한 느낌도 가질 수 있습니다. 그 감정을 자성예언에 추가할 때 그 말은 항상 진실이 됩니다.

같은 예를 사용하여 자성예언을 만들면 다음과 같습니다.

"나는 조 지라드와 같은 No.1 세일즈맨이다."
→ "나는 조 지라드와 같은 No.1 세일즈맨이 될 좋은 예감이 든다."
→ "나는 조 지라드와 같은 No.1 세일즈맨이 될 확실한 느낌이 든다."

3. 진행 중임을 나타내는 표현 추가

세 번째 해결 방법은 현재의 자성예언에 '~하는 중이다', '~하기 위한 과정에 있다', '점점 ~해지고 있다'와 같은 계속 원하는 방향으로 나아가고 있다는 '진행 중'임을 나타내는 표현을 자성예언에 추가하는 것입니다. 당신이 원하는 것을 생각하거나, 말하거나, 쓰는 순간, 당신은 이미 무언가를 이루어가고 있는 중입니다. 당신은 이미 무언가를 이루기 위한 과정에 있습니다. 당신은 이미 무언가를 이루기 위해 점점 나아지고 있는 것입니다. 따라서 당신이 '~하는 중이다', '~하기 위한 과정에 있다', '점점 ~해지고 있다'는 표현은 언제나 진실입니다!

앞의 예를 사용하여 새로이 자성예언을 만들면 다음과 같습니다.

"나는 조 지라드와 같은 No.1 세일즈맨이다."
→ "나는 조 지라드와 같은 No.1 세일즈맨이 되어가고 있는 중이다."
→ "나는 조 지라드와 같은 No.1 세일즈맨이 되기 위한 과정에 있다."
→ "나는 점점 조 지라드와 같은 No.1 세일즈맨이 되고 있다."

이제 당신이 No.1 세일즈맨이 되고자 하는 간절한 마음이 없지 않은 이상 이 말들은 모두 당신에게 맞는 말일 것입니다. 이 말이 맞다면, 읽으면서도 기분이 좋아지는 것을 느낄 것입니다.

이와 같은 방법으로 자성예언을 작성하여 당신에게 가장 진실로 느껴지는 자성예언 하나를 선택해서 사용하면 됩니다.

자성예언을 입버릇처럼 달고 다니려면?

우리는 할 수 있다고 생각하는 것만 할 수 있다.
우리는 될 수 있다고 생각하는 것만 될 수 있다.
우리는 가질 수 있다고 생각하는 것만 가질 수 있다.
무엇을 하거나 무엇이 되거나 무엇을 갖는가는 모두 우리 생각에 달려 있다.

— 로버트 콜리어 —

인도인들에게는 "무엇이든 만 번을 반복해서 말하면 미래에 살게 될 모습을 만들어준다."는 믿음이 있습니다.

이와 같이 자성예언도 예언이 성취되는 것을 보기 위해서는 입버릇처럼 달고 다녀야 합니다. 아무렇지도 않은 듯한 얼굴로, 아무렇지도 않은 듯한 말투로, 아주 자연스럽게, 쉽게 내뱉을 수 있는 말이 되도록 입에 달고 다닐 수 있어야 합니다.

그렇다면 자성예언을 입버릇처럼 달고 다니려면 어떻게 해야 하나요? 물론 혼자서 자성예언을 말하는 방법도 있지만, 재미있게 둘이나 셋이서 함께 연습하는 방법도 있습니다. 이제 그 방법들을 소개하겠습니다.

혼자서 하는 방법

자성예언은 기회가 되는대로 언제 어디서든 말할 수 있습니다. 말로 하기에 적합한 장소가 아니라면 마음속으로 되뇌면서 반복하여도 좋습니다. 하지만, 가능하면 소리를 내어 말하는 것이 더 효과가 좋습니다. 아무 감정 없이 소리만 내어 말하는 것은 그리 바람직하지 않습니다. 분명한 것은 말에 감정을 실어 확신을 갖고 말하는 것이 훨씬 효과가 좋다는 것입니다.

우리는 하루를 보내면서 자성예언을 말할 수 있는 자투리 시간들이 많습니다. 예를 들면, 운전을 하다가 신호등에 걸렸을 때 자성예언을 말할 수 있습니다. 운동이나 산책을 하면서 자성예언을 말할 수 있습니다. 침대에 누워 잠들기 전에 자성예언을 말할 수 있습니다. 줄을 서서 기다리는 시간 동안 마음속으로 자성예언을 되뇔 수 있습니다. 약속 장소에서 친구나 고객을 기다리거나, 병원에 가서 진료를 기다리는 동안 자성예언을 되뇔 수 있습니다.

조용한 명상 음악을 들으면서 자성예언을 하는 것도 좋습니다. 또한 거울에 비친 자신의 모습을 보면서 자성예언을 하는 것도 좋습니다. 거울 속의 '나'를 다른 사람으로 보고 2인칭으로 연습하는 방법도 좋습니다. 자성예언을 기억하기 어려운 분은 자신의 목소리로 감정을 실어 녹음한 후 이를 반복해서 듣는 것이 도움이 될 것입니다.

머릿속에 깊이 새긴다는 상징으로 집게손가락을 양쪽 눈썹 사이 양 미간 사이에 갖다 대면서 자성예언을 말할 수 있습니다. 가슴으로 깊이 느낀다는 상징으로 집게손가락과 가운데 손가락 2개로 가슴을 톡톡 두

드리면서 자성예언을 말할 수도 있습니다.

해당하는 장소에 직접 방문해서 자성예언을 하는 것도 아주 좋은 방법입니다. 혹시 사고 싶은 아파트가 있다면 모델하우스나 그 아파트 앞에서 '나는 이 아파트 산다!'고 선언합니다. 사고 싶은 차가 있다면 차전시장 앞에서 '나 이 차 산다!'고 선언합니다. 취직하고 싶은 회사가 있다면 그 회사 건물 앞에서 '나 이 회사 들어간다!'고 선언합니다. 입학하고 싶은 학교가 있다면 그 학교 건물 앞에서 '나 이 학교 들어간다!'고 선언합니다.

둘이서 연습하는 방법

자성예언은 둘이서 짝을 이루어 연습하면 재미있습니다. 서로 신뢰할 수 있고, 자성예언을 공유할 수 있는 사이라면 누구라도 상관없습니다. 특히 친구, 연인, 직장 동료, 사업 파트너, 부모와 자녀 또는 부부 등이 바람직합니다.

연습하는 방법은 다음과 같습니다. 서로가 마주 앉을 수 있는 자리를 마련합니다. 상대의 자성예언이 기록된 카드를 주고받습니다. 둘 중의 한 명이 상대방의 자성예언을 보고 대화를 시작합니다. 느낌이 고조된 상태의 경쾌한 음성으로 칭찬하듯이 말합니다. 이를 들은 상대방은 밝은 얼굴로 미소를 지으며 너무나 당연한 듯이 대답합니다. 경우에 따라서는 감사의 표현도 합니다. 이렇게 대화를 이어갑니다. 친구나 연인 사이인 경우 서로의 자성예언을 미리 알려주고 전화할 때마다 자성예언으로 대화하는 시간을 갖는 것도 좋은 방법입니다.

연극을 한다는 기분으로 하면 더 좋습니다. 처음에는 어색하고 좀 웃기는 느낌이 들 수도 있습니다. 하지만 반복해서 하다 보면 자연스럽게 느끼는 시점이 오게 될 것입니다. 자성예언의 한 세트를 3번에서 5번 정도 반복을 합니다. 더 많이 반복할수록 좋습니다.

앞서 사용한 자성예언을 예로 들겠습니다. 김준호와 이지은이 서로 대화를 나눈다고 생각하고, 그 대화 내용을 만들어봅니다.

〈김준호의 자성예언〉

"나는 조 지라드와 같은 No.1 세일즈맨이다."

"나는 모든 준비가 된 프로다."

"나는 사람들을 만나는 게 즐겁다."

"소개로 고객을 만나느라 나는 항상 바쁘다."

"나는 2016년부터 세일즈로 매달 1,000만 원 이상을 번다."

이지은: 김준호 씨는 최고의 세일즈맨이에요.

김준호: 그래요? 정말 고마워요.

이지은: 준호 씨는 프로처럼 항상 모든 준비가 돼 있는 것 같아요.

김준호: 당근이죠! 저는 항상 준비가 되어 있어요.

이지은: 사람들을 만나는 게 즐거운가 봐요.

김준호: 정말 그래요! 저는 사람들을 만나는 게 아주 좋아요.

이지은: 소개로만 고객을 만나는데도 항상 그렇게 바쁘다면서요?

김준호: 그러게 말이에요. 너무 바빠 죽겠어요.

이지은: 2016년부터 연봉 1억 이상을 벌 거라는 얘기가 있던데요?

김준호: 뭐 그런 거 가지고요. 그건 최소로 잡은 금액이에요.

〈이지은의 자성예언〉

"우리 집안에서는 나만 특별하다."

"나는 다이어트 음식과 규칙적인 운동을 즐긴다."

"나는 '미란다 커'와 같이 날씬하다."

"나는 2013년까지 48kg 이하의 날씬한 몸매를 만든다."

"사람들이 내 몸매를 보면 부러워한다."

김준호: 이지은 씨는 집에서 유별난가 봐요. 혼자 날씬한 걸 보니.

이지은: 그러니까 말이에요. 제가 생각해도 별일이에요.

김준호: 지은 씨의 비결은 매일 다이어트 음식과 규칙적인 운동을
즐기는 건가요?

이지은: 당근이죠. 이런 생활 방식은 이제 내 삶의 일부가 됐어요.

김준호: 지은 씨는 날씬한 모습이 꼭 '미란다 커'처럼 보여요.

이지은: 정말 그래 보여요? 고마워요.

김준호: 이지은 씨, 올 연말까지 48kg 몸매 만들 거라면서요?
어떻게 그럴 수가 있어요? 참 대단해요!

이지은: 뭘 그런 걸 가지고요. 난 내 날씬한 몸매를 보면 정말 기분이
상쾌하거든요.

김준호: 참, 그러고 보니까, 지난번에 친구들이 지은 씨 몸매 보면서
부러워하는 것 같더라고요.

이지은: 정말요? 고마워요. 그렇게 생각해주셔서.

3명이 함께 연습하는 방법

3명이 모여 자성예언을 연습하는 경우, 그중 1명이 제 3자의 위치에서 관찰자가 됩니다. 나머지 2명은 관찰자의 자성예언을 사용하여 대화를 나눕니다. 관찰자는 이 대화의 내용을 주의 깊게 듣고 느끼면서 마음에 확신을 새깁니다.

앞서 김준호가 만든 자성예언을 예로 사용하겠습니다. 관찰자인 김준호가 다른 2명 박유천과 이서진의 대화를 듣고 있다고 생각하고, 그 대화 내용을 만들어봅니다. 대화는 김준호의 자성예언을 한 사람씩 번갈아 가며 말하는 방식입니다.

박유천: 이서진 씨, 요즘 김준호 씨가 최고로 잘 나가는 세일즈맨이라면서요?

이서진: 그 말 저도 들었어요. 하긴 전부터 보니 김준호 씨는 사전에 철두철미하게 준비하는 프로의식으로 무장돼 있더라고요.

박유천: 게다가요. 사람들 만나러 다니는 게 그렇게 즐겁대요.

이서진: 그래서 그런지 소개로만 고객을 만나는데도 항상 그렇게 바쁜가 봐요.

박유천: 그것뿐인 줄 아세요.
2016년부터는 연봉 1억 이상을 벌 거래요.

이서진: 어쩜 그럴 수가 있을까? 참 부럽네요!

주변을 자성예언으로 둘러싸이게 하는 방법

나는 훈련하는 매 순간이 싫었지만 내 자신을 이렇게 다독였다.
"포기하면 안 돼. 지금 이 순간을 이겨내면
남은 네 인생을 챔피언으로 살게 될 거야.

– 세계 프로복싱 헤비급 챔피언 무하마드 알리 –

자성예언은 반복에서 그 힘을 얻습니다. 당신이 자성예언을 더 자주 말하면 말할수록, 현실의 삶이 자기도 모르게 그 말이 원하는 쪽으로 방향을 잡아갈 것입니다. 섬광 같은 아이디어가 떠오를 것입니다. 그동 안 하지 않았던 새로운 시도를 하게 될 것입니다. 생각지 않았던 새로 운 기회가 나타날 것입니다. 점점 더 확신을 갖게 될 것입니다.

이런 이유로 당신 주변을 자성예언으로 둘러싸이게 하는 것은 아주 중요합니다. 그러면 어떻게 당신 주변을 자성예언으로 둘러싸이게 할 수 있을까요?

먼저 자성예언을 색인 카드나 적절한 크기의 종이에 적습니다. 자성 예언은 한 장 한 장 직접 적는 것이 가장 좋습니다. 그런 후에 자성예언 문구를 다음에 제시하는 곳에 붙입니다. 그리고 자성예언이 붙여진 문구를 볼 때마다 입으로 소리 내어 말하거나, 마음속으로 되뇝니다. 당신이 이미 자성예언을 외웠다고 할지라도 상관없습니다. 자성예언 문구를 볼 때마다 지금이 자성예언을 말할 시점이라고 상기시켜줄 수 있기 때문입니다.

　다음은 자성예언 문구를 이동시 개인 휴대용품이나 집 안이나 사무실 요소요소에 붙일 수 있는 곳에 대한 아이디어를 제시하였습니다. 개인적인 여건에 맞춰서 활용하면 됩니다.

■ **개인 휴대용품**

손바닥,　스마트폰, 은행 체크카드, 신용카드, 교통 카드, 지갑, 수첩, 사무용 다이어리, 휴대하고 다니는 책 표지 위, 성경책, 서류 가방, 화장품 용기, 노트북 컴퓨터, 노트북 컴퓨터 가방, 배경 화면, 카메라, 운전하는 경우 차 운전대 중앙, 텀블러, 뼈를 다쳐 깁스를 하고 있는 경우는 깁스붕대, 출장이 많은 경우는 여행용 가방, 메이크업 케이스

■ **집안**

침대 헤드, 침대에 누워서 볼 수 있도록 천장 위에. 컴퓨터 화면, 책상 달력, 책상 위나 마주보는 벽 위에, 화장대, 붙박이장 문, 침실 문, TV 위. 리모콘, 전화기, 크리넥스 통, 러닝머신, 욕실 거울, 욕조나 샤워실 벽면 (투명 방수 테이프 부착), 액자로 만들어 걸어놓기, 냉장고 문, 전자레인지 문, 부엌 싱크대, 찻잔, 물 컵, 꽃병, 화분, 창문, 현관 문

■ **사무실**

책상 위, 마우스 패드, 컴퓨터 화면, 책상 달력, 명함통, 계산기, 찻잔, 책상 위의 꽃병, 모니터 받침, 파티션 벽면, 액자, 책상서랍, 개인파일 겉면

꿈 실현 도구 3

시각화(Visualization)

- 원하는 것을 생생히 상상한다 -

당신이 지닌 상상력의 힘에는
'영사기의 눈'으로 보는 능력이 있습니다.
이는 마치 당신이 영사기사가 되고,
당신의 의식은 영사기가 되는 것과 같습니다.

영사기사가 영사기를 통해 영화를 상영하듯이,
당신도 의식을 통해 마음속에 그리는 상상을
상영하고 있는 것과 같습니다.

상상 속의 영화 주인공은 항상 '당신 자신'입니다.
또 다른 당신 자신을 상상으로 그려서 원하는 것은
무엇이든 연기하게 할 수 있다는 것은
신기한 상상력의 힘입니다.

시각화란?

우리는 '꿈의 에너지 장(場)' 안에 살고 있어요.
꿈을 마음 속에 선명하게 그려보고 거기에 집중하며 행동하면,
그 꿈은 곧 이루어지게 돼 있죠

― 존 고든 ―

우리가 현실에서 창조하는 것은 먼저 우리의 마음속에서 창조되어야 합니다. 이런 마음속에서 우리가 원하는 것을 마음대로 창조하는 능력을 상상력이라고 합니다. 상상력은 우리 인간이 지닌 위대한 능력 중의 하나입니다.

시각화(Visualization)는 우리가 지닌 상상력을 이용하여 간절히 원하는 것을 이미 현실에서 이루어진 것처럼 마음속에 생생히 그려보는 3번째 꿈 실현 도구입니다. 눈을 감고 마치 영화나 비디오의 동영상 장면을 보고 있는 것처럼 마음의 눈으로 원하는 결과를 보고, 듣고, 느끼는 것입니다. 시각화는 이미지 트레이닝 (Image Training)과 마인드 트레이닝 (Mind Training)에서도 사용되는 중요한 도구입니다.

두뇌는 상상과 현실을 구분하지 못 한다

우리는 원하는 것이 마치 이루어진 것처럼 생생히 상상하며 느낄 때, 실제로 그 원하는 결과를 현실에서 얻을 수 있습니다. 뇌 과학이 발달되지 않았을 때는 어떻게 이런 일이 가능할 수 있는지 알 길이 없었습니다. 하지만 지금은 가능하다는 것이 밝혀졌습니다.

뇌 과학자들은 어떻게 이 사실을 밝혀낼 수 있었을까요? 먼저 행동 실험을 해보았습니다. 실험 참가자에게 어떤 행동을 하게 했을 때 뇌의 어떤 부위의 신경회로가 작동되는지 찾는 것입니다. 그 결과 뇌의 특정 부위를 찾을 수 있었습니다.

이번에는 상상 실험을 해보았습니다. 같은 실험 참가자에게 위와 똑같은 행동을 단지 머릿속에서만 생생히 상상하게 했습니다. 그런데 놀랍게도 결과는 위와 같은 뇌의 특정 부위의 신경회로가 작동된 것이었습니다.

이로써 뇌 과학자들은 우리의 뇌가 상상으로 행동하는 것과 현실에서 행동하는 것을 구분하지 못하고, 똑같은 것으로 인식한다는 결론을 얻었습니다. 이것은 획기적인 발견이었습니다. 이 발견을 스포츠계에서 주목하면서 다음과 같은 흥미로운 실험이 진행되었습니다.

상상 농구 연습 실험

농구 선수들을 대상으로 한 실험이었습니다. A, B, C, 3그룹으로 나누어서 한 달 동안 실험이 진행되었습니다. A그룹은 매일 30분 동안 상상으로만 슈팅 연습을 시켰습니다. 슈팅 결과가 점점 더 좋아지는 장면을 상상하게 했습니다. B그룹은 매일 농구장에서 평상시처럼 슈팅 연습을 시켰습니다. C그룹은 한 달 동안 슈팅 연습을 하지 않고 쉬게 했습니다.

결과가 어떻게 되었을까요? 슈팅 연습을 전혀 하지 않은 C그룹은 예상대로 실력이 늘지 않았습니다. 아니, 도리어 실력이 조금 떨어졌습니다. 농구장에서 매일 연습을 한 B그룹은 슈팅 성공률이 25% 향상되었습니다. 이런 향상은 우리도 어느 정도 예상할 수 있는 것입니다.

그렇다면 상상만으로 매일 30분 동안 슈팅 연습을 한 A그룹은 어떻게 되었을까요? 과연 슈팅 성공률이 향상되었을까요? 놀라지 마십시오. 실제로 농구장에 나가 땀 흘리면서 연습한 B그룹과 같이 슈팅 성공률이 25%나 향상되었다고 합니다.

성공의 비법 – 시각화

이와 같은 실험 결과가 세상에 알려지면서 시각화 기법이 다양한 분야에서 도입되기 시작했습니다. 특히 1980년대부터 스포츠 심리학자 및 전문가들이 운동선수들에게 시각화 기법을 훈련시켜 많은 성과를 거두면서 이 기법이 대중화되기 시작했습니다. 현재 국내외 모든 올림픽 선수들과 프로 운동선수들은 시각화 기법을 활용하고 있습니다.

만약 이 말이 의심스럽다면 주변에 올림픽 메달리스트나 성공한 운동선수들에게 시각화 기법을 활용하여 성공을 상상해본 적이 있는지 물어보십시오. 아마 매일 운동과 더불어 시각화를 하는데 시간을 들였다는 대답을 들을 것입니다. 현재 성공하여 최고의 자리에 오른 운동선

수, 배우, 무용가, 음악가, 기업의 최고 경영자들은 거의 모두 시각화를 생활화한 사람들입니다.

전설적인 골퍼 잭 니클라우스의 시각화

예를 들어 보겠습니다. 전설적인 골퍼 잭 니클라우스는 각종 프로 골프 대회에서 100회 이상 우승을 하면서 '골프의 신'이라 불렸습니다. 그는 연습 삼아 샷을 칠 때나, 시합에 임해 샷을 칠 때나 먼저 머릿속으로 샷을 하는 장면을 생생하게 그려본 후 샷을 쳤다고 합니다. 그는 다음과 같은 순서로 시각화 작업을 했습니다.

1. 자신이 샷을 쳤을 때 공이 날아가 떨어지기를 원하는 잔디 위의 위치를 생생히 그려봅니다.
2. 이번에는 장면을 바꿔 공이 날아가는 모습을 생생히 그려봅니다. 공이 날아가는 경로, 궤도, 공이 떨어져서 원하는 위치까지 굴러가는 움직임까지 놓치지 않고 그려봅니다.
3. 마음으로 그려본 동영상 이미지들을 현실로 바꿔줄 스윙을 하고 있는 자신의 모습을 생생히 그려봅니다.

이렇게 잭 니클라우스는 시각화를 생활화함으로써 더 많은 승리를 얻을 수 있었습니다. 시각화는 우리의 꿈을 이루는 데도 없어서는 안 될 중요한 도구입니다. 시각화하는 효과적인 방법을 익힘으로써 우리는 원하는 꿈을 더 빨리 이룰 수 있습니다.

시각화 플롯 만들기

그대가 하는 상상은
앞으로 끌어당겨질 것에 대한 그대 인생의 예고편이다.

— 앨버트 아인슈타인 —

지금까지 시각화가 무엇인지 알아보았습니다. 이제 시각화는 어떻게 하는 것인지 의문이 생길 것입니다. 떠오르는 대로 상상할 수도 있겠지만, 잘못하면 초점을 잃고 엉뚱한 상상으로 빠져들 수도 있습니다. 실제로 처음 시각화 작업을 하는 분은 무엇을 먼저 떠올려야 할지 막막할 수도 있습니다. 어떻게 이 문제를 해결할 수 있을까요? 그래서 마련된 시각화 보조 도구가 '시각화 플롯'입니다.

'시각화 플롯'이란?

'시각화 플롯'은 시각화하려는 꿈을 상상하기 좋도록 몇 가지 장면으로 세분하여 만든 목록입니다. 연극에서 무대의 장면이 바뀌는 것을 구분하도록 대본에 1막, 2막 등을 사용하는 것처럼, '시각화 플롯'도 마음의 무대 장면이 바뀌는 것을 구분하도록 만든 목록입니다. 이 목록을 사용하면 우리는 시각화 작업을 보다 효율적이면서 효과적으로 할 수 있습니다.

'시각화 플롯'의 3가지 구성 요소

'시각화 플롯'은 다음의 3가지로 구성이 됩니다.

1. 성취 결과

꿈이 이루어진 최종 결과를 보여주는 장면을 의미합니다. 시각화에 있어 반드시 필요한 가장 중요한 장면입니다. 성취 결과는 한 장면이면 됩니다.

2. 성취 과정

꿈이 어떻게 이루어질지 그 과정을 보여주는 장면들을 의미합니다. 성취 과정을 미리 알 수 있는 경우는 그 과정을 몇 가지 장면으로 세분화할 수 있습니다. 어떤 꿈은 그 꿈을 어떻게 이룰 수 있는지 전혀 알지 못하는 경우도 있습니다. 이런 경우 처음에는 생략할 수 있지만, 진행해가면서 나중에 추가할 수 있습니다.

3. 성취 후의 삶

꿈이 이루어진 후의 삶의 모습을 보여주는 장면을 의미합니다. 성취 후의 삶은 적어도 한 가지 장면을 포함시키는 것이 좋습니다.

'시각화 플롯' 만드는 방법 1

'시각화 플롯'은 어떻게 만들면 될까요? 그 순서는 다음과 같습니다.

1. 먼저 당신이 이루고 싶은 꿈을 정합니다.

2. 그 꿈이 이루어진 최종 결과를 묘사하는 장면을 적습니다. 이것이 시각화 플롯의 '성취 결과'입니다.

3. 꿈이 이루어졌을 때 어떤 삶을 살고 있을지 상상해봅니다. 그리고 이를 묘사하는 장면을 적습니다. 상상이 잘 되지 않을 때는 왜 그 꿈을 꼭 이루려고 하는지 그 이유를 생각해봅니다. 그리고 그 이유를 묘사하는 장면을 생각하며 적습니다. 이것이 시각화 플롯의 '성취 후의 삶'입니다.

4. 이번에는 꿈을 이루기 위해서 어떤 과정이 필요한지 생각해봅니다. 특별히 당신이 반드시 극복해야 할 과정이 있다면 이를 묘사하는 장면을 적습니다. 이것이 시각화 플롯의 '성취 과정'입니다.

이제 예를 들어 설명하겠습니다. 만약 당신이 이루고 싶은 꿈 중의 하나가 '세일즈로 매달 1,000만 원 벌기'라면, 시각화 플롯은 다음과 같이 만들 수 있습니다.

이 꿈이 최종적으로 이루어졌을 때의 장면으로 상상할 수 있는 것에 무엇이 있을까요? 아마 월급을 현금으로 받을 수 있다면, 1,000만 원의 현금을 받고 기뻐하면서 금액이 맞나 확인하기 위해 지폐를 세고 있는 장면을 상상할 수 있겠습니다. 하지만, 요즘은 월급이 모두 통장으로 입금되기 때문에 현실적으로 그런 기분을 낼 수는 없습니다. 대신에 매달 1,000만 원 이상이 꼬박꼬박 통장에 입금된 것을 보고 흐뭇한 미소를 짓고 있는 장면을 상상할 수 있습니다. 이것이 시각화 플롯의 '성취 결과'입니다.

다음으로 이렇게 매달 1,000만 원 이상의 돈이 통장에 계속 누적된다면, 당신은 어떤 삶을 살고 있을까요? 아마 그동안 타고 다니던 중고차를 팔고 멋진 차를 사서 몰고 다니는 장면을 상상할 수 있습니다. 또는 당신이 매달 1,000만 원 이상의 돈을 벌고 싶은 궁극적인 이유를 생각할 때 그 이유가 가족의 행복을 위한 것이라고 하죠. 이런 경우는 아마 지금 살고 있는 전세 아파트에서 벗어나 오랫동안 기다려온 새 아파트로 이사 가며 가족 모두가 기뻐하는 장면을 상상하게 될 것입니다. 이것이 시각화 플롯의 '성취 후의 삶'입니다.

이번에는 어떻게 하면 세일즈로 매달 1,000만 원 이상을 벌 수 있을까요? 그 방법에 해당하는 장면을 묘사하면 됩니다. 만약 당신이 세일즈로 매달 1,000만 원 이상을 벌기 위해 최고의 프로 세일즈맨으로 준비가 되어야 한다고 생각한다면, 당신이 닮고 싶은 멘토를 먼저 생각할 필요가 있습니다.

만약 당신의 멘토를 미국의 자동차 왕 조 지라드로 정했다면, 조 지라드와 같은 최고의 프로 세일즈맨처럼 고객이 한눈에 반할 정도로 준비가 되어 있는 장면을 상상해 볼 수 있습니다. 이것이 시각화 플롯의 '성취 과정'입니다. 이런 식으로 성취 과정의 장면을 몇 가지 더 생각해 낼 수 있습니다.

이렇게 하여 만든 '시각화 플롯'은 다음과 같습니다.

1. 성취 결과
매달 1,000만 원 이상이 꼬박꼬박 통장에 입금된 것을 보고
흐뭇한 미소를 짓는 장면

2. 성취 후의 삶
① 그동안 타고 다니던 중고차를 팔고 멋진 차를 사서 몰고 다니는 장면
② 지금 살고 있는 전세 아파트에서 벗어나 오랫동안 기다려온 새 아파트로
  이사 가며 가족 모두가 기뻐하는 장면

3. 성취 과정
조 지라드와 같은 최고의 프로 세일즈맨처럼 고객이 한눈에 반할 정도로
준비가 되어 있는 장면

'시각화 플롯' 만드는 방법 2

이번에는 자성예언을 활용하여 '시각화 플롯'을 만드는 방법을 설명하겠습니다. 자성예언에는 '시각화 플롯'을 구성할 수 있는 내용들이 이미 포함되어 있기 때문에 '시각화 플롯'을 만드는 것이 훨씬 쉽습니다. '시각화 플롯'이 자성예언과 연계되어 만들어지면 시각화를 할 때 자성예언에 대한 믿음은 더욱 강화될 것입니다.

예를 들어 '48kg의 날씬한 몸매 만들기'의 꿈에 대한 자성예언으로 시각화 플롯을 만들면 다음과 같습니다.

1. "나는 다이어트 음식과 규칙적인 운동을 즐긴다."

성취 과정

① 다이어트 음식을 맛있게 즐기면서 먹는 장면

② 비지땀을 흘리며 운동을 즐기면서 살이 **빠져** 있는 장면

2. "나는 2015년까지 48kg 이하의 날씬한 몸매를 만든다."

성취 결과

거울 속에 비친 48kg의 날씬해진 자신의 몸매를 보며,

스스로도 너무 마음에 들어 만족스러운 웃음을 짓는 장면

성취 후의 삶

자신이 바라던 잘 생기고 멋진 남성과 데이트하는 장면

3. "사람들이 내 몸매를 보며 부러워한다."

성취 후의 삶

① 날씬한 자신의 모습에 반해 주변의 남성들이 쳐다보는 장면

② 날씬해진 자신의 몸매를 보고 친구들이 놀라며 부럽다고 말하는 장면

'시각화 플롯' 배열 방법

이제 작성된 시각화 플롯을 어떤 식으로 배열할 것인가만 남았습니다. 배열하는 방법은 시각화 플롯의 3가지 구성 요소인 성취 결과, 성취 과정, 성취 후의 삶을 어떤 식으로 배열할 것인가에 따라 다음과 같이 나누어집니다.

이 방법들 중 선호하는 한 가지를 선택하면 됩니다.

1. 성취 과정 → 성취 결과 → 성취 후의 삶

2. 성취 결과 → 성취 과정 → 성취 후의 삶

3. 성취 결과 → 성취 후의 삶

이 책에서는 시각화의 효과를 극대화하기 위해 2번 방법을 주로 사용하였습니다. 시각화를 하는 궁극적인 목적이 꿈을 이루는 것이기 때문에 성취 결과를 먼저 상상하는 것이 더 바람직하다는 생각입니다. 하지만 사람마다 보는 관점이 다르기 때문에 당신이 선호하는 방법이 1번이라면 그렇게 해도 좋습니다. 물론 성취 과정을 현재 모른다면 3번 방식을 취하게 됩니다. 앞에서 만든 시각화 플롯을 2번 방법으로 구성한 최종 결과는 다음과 같습니다.

1. 성취 결과
거울 속에 비친 48kg의 날씬해진 자신의 몸매를 보며,
스스로도 너무 마음에 들어 만족스러운 웃음을 짓는 장면

2. 성취 과정
① 다이어트 음식을 맛있게 즐기면서 먹는 장면
② 비지땀을 흘리며 운동을 즐기면서 점점 살이 빠져 있는 장면

3. 성취 후의 삶
① 날씬한 자신의 모습에 반해 주변의 남성들이 쳐다보는 장면
② 날씬해진 자신의 몸매를 보고 친구들이 놀라며 부럽다고 말하는 장면
③ 자신이 바라던 잘 생기고 멋진 남성과 데이트하는 장면

시각화 7단계 과정

마음속에 어떤 성공의 그림을 갖지 못한다면 이루어지는 것이 거의 없다.
대예술가, 문필가, 발명가 같이 상상력이 발달한 사람들은
자기의 뜻대로 영상을 만들고 마음의 그림을 그리는 기술을 가졌다.
어떤 사람이라도 물질이든 사건이든 자기가 현실의 것으로 만들고 싶은 온갖 일들을
마음의 눈에 그리는 것은 그다지 어려운 일이 아니다.

― 콜로드 브리스톨 ―

이번에는 실제로 시각화를 하는 구체적인 방법에 대해 설명하겠습니다. 시각화를 하는 방법은 단순하지만 시각화하면서 상상하는 정도와 느낌이 사람마다 다르기 때문에 다음의 7단계 과정을 따르게 됩니다. 상황에 따라 자신에게 가장 잘 맞는 방법을 선택하여 활용하기 바랍니다.

1. 편안하고 기분 좋은 상태 갖기

시각화는 당신의 꿈이 실현되는 것을 마음속에서 미리 경험하는 즐거운 경험의 시간입니다. 이를 즐길 준비를 하십시오. 먼저 아무에게도 방해를 받지 않는 장소에서 하는 것이 중요합니다.

장소가 정해지면 편안한 자세로 앉거나 드러눕습니다. 몸과 마음의

긴장을 풀어주기 위해 심호흡을 합니다. 코로 빠르게 숨을 들이쉬고 가능하다면 잠시 숨을 멈춘 후, 다시 천천히 입으로 숨을 내쉽니다.

복식호흡으로 한다면 건강에도 좋습니다. 가슴으로 호흡하는 대신에 배를 의식하면서 배로 들이쉬고, 배로 내쉬는 방법입니다. 심호흡을 하면서 배꼽 쪽을 의식하기 때문에 자연스럽게 몰입하는 효과도 있습니다. 만약 잡념이 생긴다면 개의치 말고 그냥 흘려보내십시오.

혹시 침체된 감정 상태에 있다면 의도적으로 미소를 짓는 것도 좋습니다. 복식호흡과 더불어 할 수 있는 방법은 입으로 내쉴 때 미리 입가에 미소를 지은 채 '하하하!' 웃는 시늉만 하면서 내쉬는 것입니다. 소리내어 웃을 수 있는 환경이라면 의도적으로 소리를 내어 크게 웃는 것이 더 좋습니다. 이렇게 하는 것만으로도 웃음 효과를 낼 수 있어 침체된 마음이 안정되고 기분이 좋은 상태가 될 수 있습니다.

2. 상상 속의 주인공 되기

당신이 지닌 상상력의 힘에는 '영사기의 눈'으로 보는 능력이 있습니다. 이는 마치 당신이 영사기사가 되고, 당신의 의식은 영사기가 되는 것과 같습니다. 영사기사가 영사기를 통해 영화를 상영하듯이, 당신도 의식을 통해 마음속에 그리는 상상을 상영하고 있는 것과 같습니다.

상상 속의 영화 주인공은 항상 '당신 자신'입니다. 또 다른 당신 자신을 상상으로 그려서 원하는 것은 무엇이든 연기하게 할 수 있다는 것은 신기한 상상력의 힘입니다. 평상시 거울에 비친 당신의 모습을 보듯 눈을 감고 그 모습을 떠올려 보십시오.

시각화하는 동안 주인공인 당신이 가장 많이 등장하므로 눈을 감았을 때 당신의 모습을 즉시 떠올리는 것이 중요합니다. 하지만 처음 시각화를 경험하는 사람들 중에는 자신의 모습을 또렷하게 떠올려 보는 것이 힘들 수 있습니다. 이런 경우 미리 자신의 사진을 준비해두었다가 시각화하기 전에 한 번 보고 시작하는 것도 좋습니다.

3. 시각화 플롯 활용하기

자, 이제 당신 자신을 상상 속의 주인공으로 등장시켜 영화를 상영하고 있습니다. 당신은 꿈 실현을 위해 어떤 장면들이 상영되기를 원합니까? 물론 상상력이 뛰어난 분은 머릿속에서 흘러가는 대로 원하는 장면들을 자유자재로 만들어 상영할 수 있습니다.

하지만 상상력이 떨어지거나, 시각화의 경험이 별로 없는 분은 어떤 식으로 상영을 해야 할지 막막할 수도 있습니다. 이런 경우 앞에서 배운 시각화 플롯을 활용하면 됩니다. 꿈을 실현시키는 데 필수적인 주요 장면들을 미리 정해놓았기 때문에 순서에 따라 그 장면을 상상하면 됩니다.

장면은 정지된 화면 상태를 뜻합니다. 장면은 좀 더 구체적인 상상을 할 수 있도록 돕는 역할을 합니다. 시각화 플롯의 한 장면을 활용하여 상상하는 것은 정지된 화면 상태를 움직이는 동영상의 상태로 바꾸는 것을 의미합니다. 즉, 상상한다는 것은 영화를 상영하는 것과 같습니다.

예를 들어 당신이 이루고 싶은 꿈 중의 하나가 '세일즈로 매달 1,000만 원 벌기'입니다. 매달 1,000만 원 이상의 돈이 꼬박꼬박 통장에 입금된 것을 보고 흐뭇한 미소를 짓고 있는 모습이 시각화 플롯의 한 장면이라고 한다면, 이 장면으로 당신은 무엇을 상상하겠습니까? 즉, 마음속에 무엇이 보입니까?

먼저, 통장을 손에 들고 있는 당신 모습이 보일 것입니다. 당신의 눈이 통장 입금내역을 자세히 살펴보는 모습, 입금 내역에 1,000만 원 이상의 금액이 인쇄되어 있는 면, 이어서 당신의 입가에 흐뭇한 미소를 짓고 있는 모습이 보일 것입니다.

이렇게 상상하는 과정을 통해 당신은 마음속에 동작 하나 하나의 움직임을 영화로 상영되는 것처럼 볼 수 있습니다. 마음속에서 상영되는 장면이 또렷하게 보이면 보일수록 더욱 더 생생한 느낌으로 다가올 것입니다. 그 느낌을 충분히 만끽하십시오. 시각화를 통해 당신이 얻고자 하는 것이 바로 그 생생한 느낌이라는 것을 잊지 마십시오.

4. 시각화에 다른 감각 추가하기

과거에는 무성영화의 시대가 있었습니다. 그때의 기술로는 동영상의 움직임을 눈으로만 볼 수 있었습니다. 이를 보완하기 위해 영화의 흐름에 감정을 넣어 이야기 형식으로 들려주는 변사가 있어 보는 것에 듣는 재미를 더해 영화의 생생함을 살려 주었습니다.

이와 같이 시각만을 사용하여 상상하는 것으로는 생생한 느낌을 충분히 살릴 수 없습니다. 시각 외에 청각, 촉각, 후각, 미각 등의 다른 감각들을 가미할수록 생생한 느낌은 더욱 더 살아나게 됩니다. 어떤 분에게는 이것이 진짜 현실인지 아닌지 착각이 들 정도로 그 상황 속으로 빠져드는 경우도 있습니다.

하지만 모든 분이 상상을 할 때 오감을 다 느낄 수 있는 것은 아닙니다. 사람마다 자신이 가장 잘 느낄 수 있는 감각이 다를 수 있습니다. 시각화를 하면서 자신이 어떤 감각에 특히 더 예민한지 찾아보고, 그 감각을 더 많이 느낄 수 있도록 상상하십시오.

앞의 예에서처럼 당신에게도 매달 1,000만 원 이상의 돈이 꼬박꼬박 통장에 입금된 것을 보고 흐뭇한 미소를 짓는 장면을 상상하는 것은 주로 시각을 이용하여 보는 방법이었습니다. 거기에 청각을 이용하여 듣는다면 무엇을 추가하겠습니까?

당신은 통장 입금 내역에 1,000만 원 이상의 금액이 인쇄되어 있는 것을 봅니다. 그리고 "아싸! 이 달에도 내가 해냈어!!!"라고 외치는 당신의 목소리를 들을 수 있을 것입니다. 격앙된 감정에서 나오는 당신의 목소리를 들어보십시오.

여기에 촉각을 이용한다면 무엇을 추가하겠습니까? 아마 격앙된 감정으로 인해 한 손을 불끈 쥐는 주먹의 힘을 느낄 수 있을 것입니다. 또한 네 손가락의 손톱 끝이 손바닥을 압박하는 촉각을 느낄 수도 있을 것입니다.

이런 식으로 시각화 플롯의 장면 하나하나에 대해 오감을 더해보십시오. 그렇게 하여 흑백 무성영화가 아니라, 총천연색의 유성영화를 상영하십시오. 가능한 분은 2D 영화가 아니라 3D 입체 영화로 상영해보십시오. 더욱 더 생생하게 상영할수록 더욱 더 실현될 가능성은 높아질 것입니다.

이제 이후에 소개하는 시각화 보조도구를 활용하는 방법들은 자유자재로 상상을 펼칠 수 있는 시각화 능력이 있는 분들에게는 그리 큰 의미가 없을지 모릅니다. 하지만, 시각화의 경험이 별로 없는 분들에게 없어서는 안 되는 필수적인 시각화 보조도구가 될 것입니다.

5. 보물지도 활용하기

시각화의 초보자들은 시각화 플롯이 준비되어있다 하더라도 생각대로 상상하기가 그리 쉽지 않습니다. 제일 먼저 부딪히는 문제는 시각화 플롯의 장면이 머릿속에서 선명하게 상상이 안 된다는 것입니다. 상상이 된다 해도 흑백으로 보이거나, 뚜렷하게 보이지 않습니다. 또는 그 장면에 대한 경험이 없어 아예 상상을 할 수 없는 경우도 있습니다.

이런 경우에 가장 좋은 방법은 보물지도라는 시각화 보조도구를 활용하는 것입니다. 보물지도는 전 세계적으로 널리 사용되어 그 효과가 입증된 아주 강력한 꿈 실현 도구 중의 하나입니다. 이 도구는 시각화 플롯에서 제시하고 있는 각각의 장면에 가장 적합한 사진이나 이미지를 찾아내어 이를 보고 시각화하도록 돕는 보조도구입니다.

마치 현실에서 이루어졌을 때를 나타내 보이는 사진이나 이미지이기 때문에 좀 더 생생하게 느끼면서 시각화할 수 있습니다. 현실 그대로의 색깔을 반영한 총천연색의 사진이기 때문에 흑백으로 보이는 분이라 하더라도 즉각적인 효과를 볼 수 있습니다. 이 사진을 본 후에 눈을 감고 상상한다면 보다 선명한 색깔과 뚜렷한 모양을 그려볼 수 있습니다.

보물지도를 만들어 활용하는 방법에 대해서는 '4번째 꿈 실현 도구'에서 자세히 다루겠습니다. 당신이 원할 때 언제 어디서든 시각화 보조 도구로 보물지도를 활용할 수 있도록 스마트폰에서 보물지도를 만드는 방법이 소개될 것입니다.

6. 시각화 대본 활용하기

시각화의 초보자들은 강력한 시각화 보조도구인 보물지도를 사용한다 하더라도 상상을 하는 데 또 다른 장벽에 부딪힐 수 있습니다. 시각화 플롯에서 제시된 장면은 머릿속에서 떠오르지만, 그 장면이 자연스럽게 움직이는 동영상으로 전개되지 않는 그런 문제점입니다.

이런 문제의 예는 몇 가지 경우가 있습니다. 첫째, 장면을 동영상으로 어떻게 전개해야 할지 스토리 구성 능력이 부족한 경우입니다. 둘째, 시각 능력이 다른 감각에 비해 현저히 떨어지는 경우입니다. 셋째. 상상력을 사용하는 우뇌보다 논리적 사고를 사용하는 좌뇌를 주로 사용하는 경우입니다.

첫 번째 경우에는 시각화 대본을 작성해 볼 것을 권유합니다. 시각화 플롯의 각 장면을 움직이는 동영상으로 전개시키는 섬세한 과정 과정을 짧은 문장으로 만들어보는 것입니다. 시각화 대본 작성 방법은 다음 장에서 자세히 설명할 것입니다.

두 번째 경우에는 시각화 대본을 작성한 후, 이를 자신의 음성으로 녹음하여 들을 것을 권합니다. 이 경우에는 시각 능력보다 청각 능력이나 촉각 능력이 더 발달되어 있을 가능성이 높기에 시각화 대본을 작성할 때 청각이나 촉각을 느낄 수 있는 장면을 추가하는 것이 좋습니다.

세 번째 경우는 보물지도를 보면서 자주 상상해보는 훈련을 하는 것입니다. 그렇게 하여 상상으로 보는 시각적인 잠재능력을 향상시키는 것입니다.

우리가 이렇게 하는 목적은 우리의 오감 중 어느 것을 활용하든 마치 현실과 같은 생생한 느낌을 오감의 어떤 감각으로든 느끼도록 하는 데 있습니다. 가능하면 더 많은 감각으로 느낄 수 있다면 더 좋을 것입니다. 작성하기가 번거로워서 그렇지, 시각화 대본을 작성한 후 자신의 음성으로 녹음하여 들을 수 있다면 시각화의 더 큰 효과를 얻을 수 있을 것입니다.

7. 현장감 더하기

만약 우리가 상상하려는 장면이 나오는 현장에 직접 가볼 수 있다면 어떨까요? 그리고 그 현장에서 우리가 원하는 경험을 직접 해볼 수 있다면 어떨까요? 마음속으로만 상상하는 것보다, 그리고 현장 사진을 보면서 상상하는 것보다 더 생생한 느낌이 들지 않을까요?

물론 직접 가는 것이 현실적으로 불가능한경우도 있을 것입니다. 또한 우리가 원하는 경험을 직접 해볼 수 없는 경우도 있을 것입니다. 하지만 우리가 직접 가볼 수 있고, 우리가 직접 원하는 경험을 해보는 것이 가능하다면, 어떻게든 해봐야 하지 않을까요?

예를 들면, 당신은 지금 살고 있는 아파트에서 좀 더 나은 아파트를 분양 받아 이사하고 싶은 꿈이 있습니다. 어느 날 당신이 꿈에 그리던 아파트가 분양된다는 광고를 발견합니다. 아파트 건설 회사에서는 모델 하우스를 공개합니다. 당신은 모델 하우스를 방문합니다. 실제 아파트 구조와 똑같은 구조로 지은 모델 하우스에 들어가 내부를 꼼꼼히 살핍니다. 침대에 직접 누워보기도 합니다. 시간을 내어 배우자와 자녀들도 동반하여 모델 하우스를 둘러보며 기뻐합니다.

이와 같이 직접 현장을 방문할 수 있다면 그곳에서 시각화하는 방법보다 더 강력한 방법은 없을 것입니다. 자주 현장을 방문할 수 있다면 그곳에서 잠시나마 시각화하는 시간을 가지십시오. 만약 모델 하우스가 멀리 떨어진 곳이라서 자주 방문할 수 없다면 그곳에서 현장감을 충분히 경험한 후, 현장 사진을 찍어 와서 이를 보면서 시각화하는 방법도 좋을 것입니다.

다른 예를 들어볼까요? 졸업을 앞둔 대학생이 있습니다. 오래전부터 취업을 하고 싶은 회사가 있습니다. 이 학생은 어떤 방법으로 현장감을 느낄 수 있을까요?

먼저 그 회사의 본사 건물을 직접 방문해보는 것도 좋을 것입니다. 그 회사가 제조 회사라면 공장을 견학하는 기회를 만들어보는 것도, 아는 인맥을 통해 그 회사에 근무하는 분을 만나 대화해 볼 수 있는 기회를 가져보는 것도, 인터넷 등을 통해 그 회사 정보를 수집해보는 것도 좋은 방법이 될 것입니다.

이러한 경험을 통해 그 회사에 대한 현장감을 충분히 경험한 후, 기회가 될 때마다 본사 건물을 방문하여 그 건물을 바라보면서 시각화할 수 있는 시간을 가져보는 것입니다. 물론 방문하기 어려울 정도로 멀리 떨어진 곳에 있다면, 본사 건물 사진을 찍어온 후에 이를 보면서 이미 충분히 경험한 현장감을 더해 시각화를 하면 됩니다.

시각화 대본 만들기

과거를 기억하는 데 사용되는 능력은 기억력이다.
그러나 미래를 기억해내는 데 사용되는 능력은 상상력이다.

– 《익숙한 것과의 결별》 중에서 –

이루고 싶은 꿈을 마치 현실에서 이루어진 것처럼 생생하게 상상하는 '시각화 작업'을 처음 시도하는 분들은 이 과정이 그리 쉽지 않을 것입니다. 그런 분들에게는 보다 효율적이면서 효과적으로 시각화 작업을 할 수 있도록 돕는 시각화 보조 도구들이 필요할 것입니다. 지금은 시각화 7단계 과정 중 6단계에서 다룬 시각화 보조 도구인 '시각화 대본' 작성 방법에 대해 배우겠습니다.

'시각화 대본'이란?

'시각화 대본'은 시각화 플롯에 나오는 장면을 토대로 하여 상상의 무대에서 실제로 상연되는 내용을 대본으로 만든 것을 말합니다. '시각화 대본'은 시각화 플롯만 보고 시각화할 수 없는 분들에게 필요한 보조 도구 입니다. 아마 많은 분들에게 시각화를 통해 '생생한 느낌'을 불러일으키는 데 '시각화 대본'이 아주 유용한 보조 도구가 될 것이라 확신합니다.

'시각화 대본'의 사용 방법

'시각화 대본'의 사용 방법은 다음과 같습니다.

1. 시각화 플롯을 토대로 하여 시각화 대본을 작성합니다.

2. 시각화 대본을 보고 자신의 목소리로 스마트폰 등에 녹음합니다.

3. 시각화 작업을 할 때 눈을 감고 녹음된 내용을 들으면서 그 내용을 마음속에 그대로 떠올리면서 상상을 합니다.

4. 시각화 대본의 내용에 대한 이미지가 마음속에 제대로 떠오르지 않을 경우는 보물지도의 사진 등을 보면서 시각화 작업을 하면 최대 효과를 거둘 수 있습니다.

시각화 대본 작성 규칙

이제 본론으로 들어가서 구체적으로 '시각화 대본'을 작성하는 방법을 배우겠습니다. 기본은 시각화 플롯을 토대로 하여 상상하는 내용을 글로 옮겨 적는다고 생각하면 됩니다.

그렇다 하더라도 막상 글로 옮겨 적으려고 하면 어려움을 느낄 수 있습니다. 그래서 다음과 같은 '시각화 대본' 작성을 위한 4가지 규칙을 설명 드립니다.

1. '나'로 시작하라

지금 상상을 하는 주체는 다른 사람이 아닌 '나'라는 것입니다. 그래서 문장의 시작은 항상 '나'로 시작하는 것이 원칙입니다. 예를 들어 '편안하고 침착한 태도로 자신의 의견을 당당하게 말하면서 면접하고 있는 장면'이라는 시각화 플롯의 한 장면이 있다고 하죠. 이를 '나'로 시작하는 문장으로 바꾸면 '나는 편안하고 침착한 태도로 … 면접하고 있다'가 됩니다.

2. 현재 진행형으로 작성하라.

우리가 시각화 작업을 할 때는 마치 누군가가 비디오카메라를 들고 상상의 주체인 '나'가 상상의 세계에서 행하고 있는 모습들을 카메라에 동영상으로 담고 있는 것과 같습니다. 따라서 이를 문장으로 작성할 때에는 '~하고 있다', '~하고 있는 중이다'와 같은 현재 진행형으로 표현해야 합니다.

예를 들어 '눈이 부실 정도로 푸른 카리브 해의 섬에서 배우자와 함께 신혼여행의 단꿈을 꾸는 장면'이라는 시각화 플롯의 한 장면이 있다고 하죠. 이를 현재 진행형의 문장으로 바꾸면 '나는 눈이 부실 정도로 푸른 카리브 해의 섬에서 배우자와 함께 신혼여행의 단꿈을 꾸고 있다.'가 됩니다.

3. 5감각을 사용하라.

시각화 작업을 할 때 눈을 감고 마음속으로 상상하면 뜻대로 원하는 이미지가 생생하게 보이지 않는 분들이 많을 것입니다. 하지만 이런 경우에 너무 걱정하지 않아도 됩니다. 다른 감각을 사용하면 되기 때문입니다.

생생한 느낌은 꼭 시각으로만 느낄 수 있는 것이 아닙니다. 어떤 분은 청각이나 촉각이 특히 발달되었을 수도 있습니다. 그런 경우에는 청각이나 촉각을 통해서도 생생하게 느낄 수 있습니다. 물론 모든 감각을 통해 생생히 느낄 수 있도록 세심하게 대본을 만들면 그 효과는 훨씬 더 클 것입니다.

예를 들어 '미스터 유니버스 대회 시상식에서 1등 수상을 하고 기뻐하는 장면'이라는 시각화 플롯의 한 장면이 있다고 하죠. 이를 주로 시각적인 것만을 주로 하여 대본을 만들면 다음과 같습니다.

"나는 지금 미스터 유니버스 대회에서 1등을 하여 시상식 단에 서있다. 대회 관계자가 내 목에 금메달을 걸어주고 우승 트로피를 내게 건네주고 있다. 나는 기쁨에 겨워 눈물을 흘리고 있다."

여기에 청각적인 요소를 추가하여 대본을 만들면 어떻게 될까요?

"나는 지금 미스터 유니버스 대회에서 1등을 하여 시상식 단에 서있다. 대회 관계자가 내 목에 금메달을 걸어주고 우승 트로피를 내게 건네주고 있다. 나는 기쁨에 겨워 눈물을 흘리고 있다.
나는 속으로 중얼거리고 있다. '그래, 내가 해냈어! 마침내 내가 해냈다고!' 관중석에서는 사람들이 내 이름을 외치고 있는 소리가 들린다. '아놀드! 아놀드!!'"

그러면 촉각적인 요소를 더 추가하여 대본을 만들면 어떻게 될까요?

"나는 지금 미스터 유니버스 대회에서 1등을 하여 시상식 단에 서있다. 대회 관계자가 내 목에 금메달을 걸어주고 우승 트로피를 내게 건네주고 있다. 나는 기쁨에 겨워 눈물을 흘리고 있다. 나는 속으로 중얼거리고 있다. '그래, 내가 해냈어! 마침내 내가 해냈다고!'
그리고 관중을 향해 함박웃음을 지으며 우승 트로피를 힘차게 들어보이고 있다. 그리고 트로피에 진하게 입맞춤하고 있다. 사랑하는 연인과 입맞춤할 때와는 또 다른 짜릿한 느낌! 관중석에서는 사람들이 내 이름을 외치고 있는 소리가 들린다. '아놀드! 아놀드!!'"

4. 자신의 언어로 표현하라.

자신이 사용하는 익숙한 언어로 대본을 만드는 것이 가장 좋습니다. 물론 글 솜씨가 없어서 대본 만드는 것을 걱정하는 분들도 있을 것입니다. 하지만 중요한 것은 세련된 언어가 아니라 투박하더라고 자신이 읽거나 들었을 때 감동이나 즐거움, 열정, 설렘을 느낄 수만 있다면 그 보다 더 좋은 대본은 없을 것입니다.

시각화 대본은 남에게 보여주기 위한 과시용이 아닙니다. 물론 남들에게 읽어주더라도 같은 감흥을 느낄 수 있다면 더욱 좋을 것입니다.

하지만 보다 중요한 것은 자신이 읽거나 들었을 때 느끼는 감동이 더욱 중요합니다.

주제별 시각화 대본의 예

지금까지 시각화 대본을 작성하는 방법에 대해 설명했습니다. 이제 각 주제별로 시각화 플롯의 하나를 선택하여 시각화 대본을 만든 결과를 보여드리겠습니다. 물론 완벽한 예는 아니지만, 참고를 하기에는 충분할 것입니다.

1. '워너비' 시각화 플롯

미스터 유니버스 대회 시상식에서 1등 수상을 하고 기뻐하는 장면

→ "나는 지금 미스터 유니버스 대회에서 1등을 하여 시상식 단에 서있다. 대회 관계자가 내 목에 금메달을 걸어주고 우승 트로피를 내게 건네주고 있다. 나는 기쁨에 겨워 눈물을 흘리고 있다."

2. '공부' 시각화 플롯

학교 책을 읽을 때 만화책이나 무협지를 읽듯이 재미있게 읽고 있는 장면

→ "나는 마치 만화책이나 무협지를 읽는 것처럼 재미있게 학교 책을 읽고 있다. 나는 시간가는 줄도 모르고 책 속으로 빠져들고 있다."

3. '취업' 시각화 플롯

편안하고 침착한 태도로 내 의견을 당당하게 말하면서 면접 보는 장면

→ "나는 지금 편안하고 침착한 태도로 면접에 임하고 있다. 면접관들이 까다로운 질문을 하는데도 나는 내 의견을 조금도 흔들림이 없이 당당하게 대답하고 있다."

4. '다이어트' 시각화 플롯

날씬한 내 모습에 반해 주변의 남성들이 쳐다보는 장면

→ "내가 길을 걸어갈 때나 어디에 있든지 주변의 남성들이 넋을 잃은 채 날씬한 내 모습을 쳐다보고 있다. 나는 이럴 때마다 마음속으로 쾌감을 느끼고 있다."

5. '결혼' 시각화 플롯

눈이 부실 정도로 푸른 카리브 해의 섬에서

배우자와 함께 신혼여행의 단꿈을 꾸는 장면

→ "나는 배우자와 함께 눈이 부실 정도로 푸른 카리브 해의 섬에서 신혼여행의 단꿈을 꾸고 있다. 그곳 해변에서 내가 꿈에 그리던 남자와 함께 앉아 있다. 나는 그의 어깨에 기대어 저물어가는 석양을 행복에 겨워 바라보고 있다. 이 시간이 영원히 멈춰지기를 바라는 마음으로…"

6. '세일즈' 시각화 플롯

매달 1,000만 원 이상이 꼬박꼬박 통장에 입금된 것을 보고

흐뭇한 미소를 짓고 있는 장면

→ "나는 이번 달에도 천 만 원이상이 입금된 통장 내역을 살펴보고 있다. 이제는 어김없이 세일즈로 벌어들이는 돈이 매달 천 만 원이 넘어서고 있다. 나는 통장에 돈이 쌓이는 것을 보고 흐뭇하게 미소를 짓고 있다."

7. '부' 시각화 플롯

돈을 벌기 위한 아이디어가 샘솟듯이 떠오르는 장면

→ "매일같이 내 머릿속에서는 돈을 벌기 위한 아이디어가 샘솟듯이
떠오르고 있다. 나는 아이디어가 떠오르는 대로 놓치지 않고 즉시 이를
기록하고 있다."

8. '치유' 시각화 플롯

의사로부터 암세포가 완전히 사라졌다는 말을 듣고 기분이 좋아하는 장면

→ "나는 병원으로 가면서 무언가 좋은 예감을 느끼고 있다. 역시 의사와
만났을 때 그가 밝게 웃으면서 내 몸에서 암세포가 완전히 사라졌다고
내게 말해주고 있다. 나는 의사에게 고맙다는 말을 하면서 기분이 좋아서
날아갈 듯이 기뻐하고 있다."

노먼 빈센트 필 박사의
창조적인 기도 방법

평범한 사람들은 오직 가능한 것만 믿습니다.
이에 반해 비범한 사람들은 가능한 것이 아니라 불가능한 것을 시각화합니다.
그렇게 하여 불가능한 것을 가능한 것으로 보기 시작합니다.

– 체리 카터 스콧 –

《적극적인 사고방식》이라는 책을 써서 많은 사람들의 사랑을 받은 노먼 빈센트 필 박사는 자신의 저서에서 창조적인 기도 방법을 소개하고 있습니다. 이 방법이 획기적인 것은 꿈 실현의 3가지 불변의 원리를 모두 적용할 수 있는 방법을 제시하고 있기 때문입니다. 이 방법은 다음과 같은 아주 간단한 공식으로 표현할 수 있습니다.

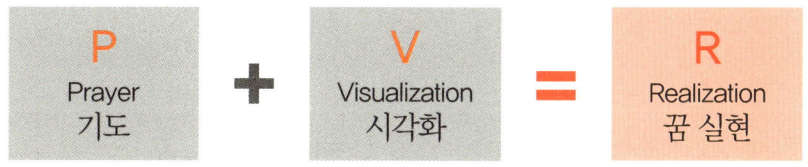

종교인이라면 누구나가 자신이 믿는 믿음의 대상인 신에게 기도를 합니다. 기도를 할 때 우리는 우리가 원하는 것을 간절한 마음으로 기도합니다. 또한 우리가 믿는 신이 우리의 간절한 기도에 응답해 주실 것이라는 믿음을 갖고 기도합니다.

따라서 기도할 때에는 '간절한 느낌'의 감정과 믿음이라는 '확실한 느낌'의 감정이 함께 수반됩니다. 여기에 시각화를 통해 '생생한 느낌'의 감정을 더한다면 우리가 이루고자 하는 꿈을 더 빨리 실현시킬 수 있을 것입니다.

물론 필 박사가 기독교인으로서 이 방법을 제시하기 했지만, 다른 종교인들도 누구나 이 방법을 자신에게 맞춰 적용할 수 있습니다.

창조적인 기도로 다시 열린 성장판

한 가지 예를 들어보겠습니다. 의학계에서는 나이가 20살이 넘으면 뼈마디의 성장판이 닫혀서 더 이상 키가 크지 않는다는 것이 정설로 되어 있습니다.

그런데 20살이 넘은 대학생 앤디가 1년 사이에 키가 8cm나 커진 것입니다. 의학적으로 불가능한 일이 일어난 것이죠. 도대체 어떻게 된 것일까요?

실제로 앤디는 한참 클 나이인 중고등학생 때에도 거의 키가 크지 않았다는 것입니다. 그러니 20살이 넘은 대학생 때 키가 커졌다는 것은 이해가 잘 안 되는 일이죠. 하지만 이런 일이 실제로 일어난 것입니다. 거기에는 알려지지 않은 비밀이 있었습니다.

앤디가 바로 필 박사의 창조적인 기도 방법을 적용했다는 것입니다. 그는 대학을 다니면서 자신의 키가 다른 학생들보다 많이 작다는 사실을 느꼈습니다. 그는 10cm 정도만 키가 더 클 수 있다면 하는 간절한 마음이 있었습니다. 그렇게 되면 평균 키 이상이 될 수 있기 때문이었습니다.

앤디는 자신이 믿는 신에게 부탁하기로 마음먹었습니다. 그는 자신의 기도가 이루어질 것이라는 믿음이 있었습니다. 그래서 매일 아침저녁으로 기도했습니다.

"하나님, 제발 제 키가 10cm만 더 커지게 해주세요.
이를 이루어 주실 것을 믿고, 감사드립니다. 아멘."

이렇게 매일 아침저녁으로 기도하는 것으로만 끝나지 않고, 앤디는 특히 저녁 기도를 드린 후에는 잠자리에 누워서 시각화 작업을 했다는 것입니다.

그는 키를 크게 하는 것이 성장판이라는 것을 알고 있었기 때문에 먼저 뼈 마디마디의 닫힌 성장판이 다시 열려 뼈 마디마디가 조금씩 늘어나는 장면을 상상했습니다. 그 뿐만 아니라, 자신의 키가 커지는 모습을 보고 가족들이 기뻐하는 장면도 상상했습니다.

그 결과 1년이 안 되어 20살이 넘으면 더 이상 키가 크지 못한다는 불가능한 일을 가능하게 만든 것입니다.

기도문 만들기 3단계 과정

당신도 이와 같이 불가능한 꿈을 가능하게 만들고 싶은가요? 모두 '그렇다'고 대답할 것입니다. 그렇다면 시각화하는 방법은 우리가 이미 배웠기 때문에 기도하는 방법이 궁금할 것입니다. 처음 경험하는 분들을 위해 누구나가 쉽게 기도문을 작성하는 3단계 과정을 알려드리겠습니다. 이렇게 작성한 기도문을 보고 마음속으로나, 소리 내어 기도하면 됩니다.

1. 신의 호칭 부르기

기도를 시작할 때 먼저 당신이 믿는 신의 호칭을 부릅니다. 사람마다 믿는 종교가 다르기 때문에 당신이 믿는 신을 부르는 호칭이 서로 다를 수 있습니다. 만약 당신이 기독교인이라면 '하나님'이라 호칭할 것입니다. 불교를 믿는다면 '부처님'이라 호칭할 것입니다. 이슬람교를 믿는다면 '알라신'이라 호칭할 것입니다. 당신이 기원하는 대상의 호칭을 부르면서 시작합니다.

2. 시각화 플롯으로 부탁하기

우리가 이미 배워서 알듯이 시각화 플롯에는 우리가 이루고자 하는 꿈의 성취 과정, 성취 결과, 성취 후의 삶이 모두 포함되어 있습니다. 성취 결과만으로 기도해도 되지만, 가능하면 시각화 플롯의 모든 내용을 기도문으로 바꿔 부탁하는 것이 가장 좋습니다. 특히 저녁때 잠자리에 누워서 시각화를 하기 전에 드리는 기도는 시각화 플롯의 모든 내용을 포함시키는 것이 좋습니다. 왜냐하면 그 내용으로 이어서 시각화 작업을 할 것이기 때문입니다. 기도문을 만드는 방법은 시각화 플롯의 내용에 '제가 ~하게 해주세요'라든지, '제가 ~하게 도와주세요'를 덧붙여 문장을 만들면 됩니다.

3. 감사로 믿음 표현하기

부탁할 내용을 모두 마친 후에는 모든 것이 이루어질 것이라는 믿음을 표현하면서 감사로 기도를 마칩니다. 예를 들면, "이 모든 것이 이루어질 것을 믿으며, 이에 감사드립니다." 이와 같이 미리 성취에 대한 감사를 표현함으로써 당신의 흔들리지 않는 믿음을 나타내는 것입니다.

창조적인 기도를 위한 기도문 예

이제 실제로 예를 들어 창조적인 기도를 위한 기도문을 만들어보겠습니다. 만약 당신이 이루고 싶은 꿈이 '48kg의 날씬한 몸매 만들기'라고 하죠. 이 꿈으로 시각화를 위해 만든 '시각화 플롯'은 다음과 같다고 하겠습니다.

1. 성취 결과

거울 속에 비친 48kg의 날씬해진 내 몸매를 보며, 내 자신도 너무 마음에 들어 만족스러운 웃음을 짓고 있는 장면

2. 성취 과정

① 다이어트 음식을 맛있게 즐기면서 먹고 있는 장면

② 비지땀을 흘리며 운동을 즐기면서 점점 살이 빠지고 있는 장면

3. 성취 후의 삶
① 날씬한 내 모습에 반해 주변의 남성들이 쳐다보는 장면
② 날씬해진 내 모습을 보고 친구들이 하나같이 놀라면서 부럽다고 말하는 장면
③ 내가 바라던 잘 생기고 멋진 남성과 데이트하는 장면

이번에는 각각의 시각화 플롯을 참고하여 기도문을 만들어보면 다음과 같습니다.

1. "(신의 호칭), 제발 제가 이번 다이어트로 몸이 날씬해져서 48kg 이하의 몸매를 유지할 수 있게 해주세요."

2. "다이어트 음식을 맛있게 즐기면서 먹게 해주세요."

3. "비지땀을 흘리면서 운동 하는 것을 즐기도록 도와주셔서, 점점 살이 빠질 수 있게 해주세요."

4. "제 몸이 날씬해져서 주변의 남성들이 넋을 잃고 저를 쳐다보게 해주세요."

5. "날씬해진 제 모습을 보고 친구들의 놀라움과 부러움을 사게 해주세요."

6. "잘 생기고 멋진 남성과 데이트도 하게 도와주세요."

7. "이 모든 것이 이루어질 줄 믿으며, 이에 감사드립니다."

꿈 실현 도구 4

스마트폰 보물지도(Smart Phone Treasure Map)

– 간절한 욕망과 생생한 상상을 자극한다 –

보물지도는 우리가 원하는 것을 분명히 보여주는
사진과 그림을 사용하여 만들기 때문에
즉시 우리의 마음이 이를 받아들여
우리의 간절한 욕망을 자극하는 효과를 발휘합니다.

또한 이 욕망이라는 감정은 꿈 실현의 원동력이 되고,
끌어당김의 법칙을 활성화시키는 진동 에너지가 됩니다.

보물지도(Treasure Map)란?

보물 지도는 당신이 원하는 현실을 보여주는
실질적이고 만져볼 수 있는 그림이다.

− 삭티 거웨인 −

황금 '보물지도'

지도는 우리가 가보지 않은 잘 모르는 곳을 찾아 여행할 때 사용하는 길 안내 그림입니다. 보물지도는 다른 사람들이 찾지 못하도록 은밀하게 금은보석과 같은 귀중한 보물을 숨겨둔 곳을 자세하게 그려놓은 길 안내 그림입니다. 따라서 보물지도에 표시된 길 안내를 따라가면 우리는 보물을 찾을 수 있습니다. 일반적으로 우리가 말하는 보물지도는 황금 '보물지도'를 의미합니다.

꿈 '보물지도'란?

그렇다면 꿈 실현을 위한 도구의 하나인 꿈 '보물지도'는 무엇을 의미하나요? 여기서의 보물은 당신이 인생에서 가장 소중하게 여기는 꿈을 상징합니다. 물론 어떤 사람에게 그 꿈은 금은보석일 수 있고, 어떤 사람에게는 이상적인 배우자를 만나는 것일 수도 있습니다. 또 어떤 사람에게는 세일즈로 성공해서 매달 1,000만 원 이상의 돈을 버는 것일 수도 있습니다. 가장 소중하게 여기는 보물은 사람마다 각각 다를 수 있습니다.

이제 정의하자면, 꿈 '보물지도'(이후부터는 '보물지도'라 칭합니다)는 황금 '보물지도'와는 달리, 아직 현실로 드러나지 않은 꿈을 실현하기 위해 마음 속 상상의 여행을 즐기도록 그 과정을 그려놓은 길 안내 그림입니다. 따라서 보물지도를 이용하면 상상 여행에서 길을 잃지 않고, 원하는 꿈이 마치 현실에서 이루어진 것처럼 좀 더 생생하게 느끼면서 시각화를 즐길 수 있습니다.

보물지도는 전 세계적으로 널리 사용되고 있는 꿈 실현 도구 중의 하나입니다. 보물지도는 비전 보드(Vision Board), 비전 맵(Vision Map), 비전 갤러리 (Vision Gallery), 성공 보드(Success board), 스토리 보드(Story Board), 생애 지도(Life Map), 또는 드림 보드(Dream Board) 등과 같이 다양한 용어로 사용되고 있습니다.

과거의 보물지도

예전에 어떤 사람들은 자신이 원하는 꿈이 성취되었을 때의 최종 결과를 직접 그림으로 그려서 보물지도로 사용했습니다. 꿈 실현의 3가지 원동력에서 '꿈 도둑 선생님'이라는 이야기의 주인공인 몬티 로버츠가 이에 해당됩니다. 그는 자신이 소유하고 싶은 목장 그림을 직접 그려서 보물지도로 사용했습니다.

사진 기술이 발달하면서 어떤 사람들은 최종 결과를 보여주는 사진을 찍어서 그 사진을 보물지도로 사용했습니다. 멋진 차를 소유하고 싶으면 직접 자동차 전시장을 찾아가서 소유하고 싶은 차 옆에 서서 마치 그 차 주인인 것처럼 포즈를 취하고 사진을 찍었습니다. 그런 후에, 그 사진을 보물지도로 사용했습니다. 이 방법은 지금도 많은 사람들이 즐겨 사용하는 방법입니다.

자신이 미래에 되고 싶은 사람의 꿈이 있는 경우에, 어떤 사람들은 먼저 가장 닮고 싶은 멘토를 정한 후에, 멘토의 사진을 구해 보물지도로 사용했습니다. 예를 들면, 우리에게 할리우드 액션 스타로 더 많이 알려진 아놀드 슈워제네거는 세계적인 보디빌더가 되기 위해 레그 파크처럼 되고 싶었습니다. 그래서 레그 파크의 사진을 있는 대로 구해서 방안을 그의 사진으로 도배했습니다. 아놀드에게는 레그 파크의 사진이 보물지도였습니다. 이 방법 또한 보물지도를 만들 때 지금도 즐겨 사용하는 방법입니다.

또한 어떤 사람들은 자신이 원하는 것을 나타내는 상징물을 보물지도로 사용하기도 했습니다. 예를 들면, 자동차 판매왕인 조 지라드는 최고의 세일즈맨이 되고자 하는 꿈이 있었습니다. 그는 이 꿈을 이루기 위해 'No.1'을 의미하는 '1'자 핀을 구입해 양복에 항상 부착하고 다녔습니다. '1'자 핀은 그에게 보물지도였습니다.

현대의 보물지도

시간이 흐르면서 보물지도도 많이 진화했습니다. 생애 동안 이루고 싶은 꿈들을 직접 그리거나, 잡지, 책 등에서 해당되는 사진을 오리거나, 직접 해당되는 사진을 찍어서 앨범이나 코르크 보드에 붙여서 '생애 보물지도'를 만드는 방법이 고안되었습니다. 지금 전 세계적으로 가장 많이 알려져 있는 보물지도는 바로 '생애 보물지도'입니다. 이 책에서는 '버킷 리스트 보물지도'로 소개할 것입니다.

이후에 좀 더 시각화 효과를 높이기 위한 '주제별 보물지도'를 만드는 방법이 고안되었습니다. 이 보물지도에서는 원하는 꿈을 이루는 성취 과정, 성취 결과, 성취 후의 삶의 모습을 그리고 있는 사진들로 보물지도를 꾸밉니다. 이것은 우리가 이미 배운 시각화 플롯을 토대로 해서 만들어집니다.

또한 과학 기술의 발전으로 보물지도를 작성하는 매체에 변화가 일어났습니다. 앨범이나 코르크 보드 대신에 전 세계 대부분의 사람들이 휴대하고 다니는 스마트폰에 보물지도를 만드는 방법이 고안되었습니다. 스마트폰에는 인터넷 이미지 검색 기능, 사진기 기능, 사진 꾸미기 앱 등 다양한 기능이 포함되어 있기 때문에 스마트폰에서 직접 보물지도를 만들어내는 것이 가능하게 되었습니다. 시대의 트렌드에 맞춰 이 책에서는 스마트폰에서 보물지도를 만드는 방법을 소개하겠습니다.

보물지도의 3가지 효과

몽타주는 범인을 잡는 효과가 있지만 범인이 아닌 사람을 골라내는 효과도 있다.
내 꿈의 몽타주를 자주 그려야 한다. 어렴풋한 형태일지라도 자꾸 그려야 한다.
그래야 꿈이 아닌 것들에게 시간과 노력을 빼앗기지 않는다.

－《학교 밖 선생님》 중에서 －

보물지도는 만드는 데 노력과 시간이 들어서 그렇지 잘 만들면 꿈 실현의 원동력이 되는 '간절한 느낌'과 '생생한 느낌'이라는 2가지 감정을 한 번에 불러일으킬 수 있는 강력한 도구입니다. 보물지도는 단지 자주보는 것만으로도 그 효과를 볼 수 있습니다. 하지만, 보물지도는 시각화에 사용될 때 그 효과를 극대화시킬 수 있습니다. 이제 그 효과들을 좀 더 자세하게 알아보겠습니다.

1. 간절한 욕망 자극 효과

만약 당신이 원하는 꿈 중의 하나가 '집 앞에 강이 있어 자가용 보트를 탈 수 있고, 집 주위가 나무로 둘러싸인 대저택에서 살기'라고 하죠.

> 집 앞에 강이 있어 자가용 보트를 탈 수 있고,
> 집 주위가 나무로 둘러싸인 대저택에서 살기

당신이 이렇게 적어놓은 글을 보고 읽는다면 어떤 느낌이 들까요?

이번에는 그 글과 유사하거나 똑같은 대저택의 사진을 붙여놓고 본다면 어떤 느낌이 들까요? 똑같은 느낌이 들까요? 아니면 느낌의 강도가 다를까요?

아마 대부분의 사람들은 대저택의 사진을 직접 볼 때 마음속에서 일어나는 감정의 강도가 더 크다고 말할 것입니다. 왜냐하면 우리의 마음은 글자를 읽지 못하고 이미지를 읽고 이해하기 때문 입니다. 또한 우리의 마음은 이미지를 읽고 이해한 결과를 감정으로 표현합니다.

만약 우리가 원하는 꿈을 제대로 표현한 사진을 본다면, 우리의 마음은 즉시 이에 대한 간절한 욕망을 불러일으킵니다. 하지만, 글자의 경우는 이를 읽는다 하더라도 우리의 뇌가 이를 해석하여 마음으로 읽을 수 있는 이미지로 바꾸는 단계를 거쳐야 합니다. 이 과정에서 제대로 된 이미지를 만들어내지 못하는 경우에는 별 다른 욕망을 불러일으키지 않을 수도 있습니다. 그래서 "한 장의 사진이 천 마디 말보다 가치가 있다."는 말은 진리입니다.

보물지도는 우리가 원하는 것을 분명히 보여주는 사진과 그림을 사용하여 만들기 때문에 즉시 우리의 마음이 이를 받아들여 우리의 간절한 욕망을 자극하는 효과를 발휘합니다. 또한 이 욕망이라는 감정은 꿈 실현의 원동력이 되고, 끌어당김의 법칙을 활성화시키는 진동 에너지가 됩니다.

2 선명한 이미지 상상 효과

만약 당신이 꿈에 그리던 남자를 만나 그에게서 장미 꽃다발을 선물로 받고 싶은 꿈이 있다고 하죠. 당신은 눈을 감고 꿈에 그리던 남자에게서 장미 꽃다발을 받는 모습을 마치 현실에서 일어나고 있는 것처럼 상상하려고 합니다. 과연 당신이 받고 싶은 장미 꽃다발이 생생하게 그려집니까? 실제로 눈을 감고 한번 상상해보십시오.

사람마다 각각 그 반응이 다를 것입니다. 이는 사람마다 지닌 시각화 능력이 다르기 때문에 그렇습니다. 아마 당신도 다음의 반응 중 어느 하나에 해당한다고 말할 것입니다.

① 아무것도 안보이고 그냥 깜깜하기만 합니다.

② 무언가 보이는데 구별이 잘 안 됩니다.

③ 빨간 장미 꽃다발을 보고 싶은데,
　검은색 장미 꽃다발이 보입니다.

④ 빨간 장미 꽃다발의 색깔과 형태가
　흐릿하게 보입니다.

⑤ 빨간 장미 꽃다발의 색깔과 형태가
　확실하게 보입니다.

⑥ 빨간 장미 꽃다발의 색깔과 형태가
　실물과 똑같이 선명하게 보입니다.

　물론 가장 바람직한 상상은 6번일 것입니다. 6번과 같이 자신이 상상하는 것을 마음의 눈으로 실물을 보는 것처럼 선명하게 볼 수 있는 분들은 아마 어려서부터 우뇌를 이용하는 상상을 많이 해온 분들일 것

입니다. 이런 분들은 보물지도가 없어도 원하는 상황을 얼마든지 마음속에서 상상할 수 있습니다. 하지만 이와 같은 경지에 이른 사람들은 극소수에 지나지 않습니다.

1번과 2번에 해당하는 분들도 있을 것입니다. 이런 분들은 주로 논리적인 사고를 하는 분들로 좌뇌를 주로 사용하는 분들일 것입니다. 이런 분들은 상상의 뇌인 우뇌를 의도적으로 사용하는 연습이 필요한 분들입니다.

또한 1번과 2번에 해당하는 분들은 시각화를 통해 자신이 원하는 꿈이 현실처럼 이루어지는 것을 느끼기 위해서는 보물지도가 반드시 필요한 분들입니다. 처음에는 보물지도의 사진 이미지를 본 후, 눈을 감고 그 이미지를 떠올리려고 해도 제대로 떠오르지 않을 것입니다. 잠시 동안만 사진의 잔상이 선명하게 떠올랐다가 다시 사라져버릴 것입니다. 오랫동안 사진의 선명한 이미지가 지속되지 않을 것입니다. 이런 경우 보물지도를 이용하여 자주 상상하는 연습을 함으로써 우뇌의 능력을 강화시킬 필요가 있습니다.

3번에서 5번까지 해당하는 분들은 보물지도를 이용하면 보다 선명하게 원하는 이미지를 그리면서 시각화 작업을 할 수 있을 것입니다. 계속해서 노력하면 보물지도를 통해 꿈 실현을 위한 상상 여행을 만끽할 수 있게 될 것입니다.

보물지도는 꿈 실현의 원동력의 하나인 '생생한 느낌'을 불러일으키도록 돕는 도구입니다. 시각화를 할 때 선명한 이미지가 떠오르지 않는다 해도 걱정할 필요가 없습니다. 보물지도를 만들어서 시각화할 때마다 보조 도구로 사용하면 되기 때문입니다.

물론 보물지도를 계속 사용해서 연습하는데도 선명한 이미지가 잘 떠오르지 않는다 해서 실망할 필요는 없습니다. 어떤 사람은 시각보다 청각이나 촉각과 같은 다른 감각이 더 발달한 경우도 있기 때문입니다. 이런 경우는 시각화에 청각이나 촉각 등을 사용하여 상상한다면 시각 능력의 부족을 충분히 보완할 수 있습니다. 우리는 이 방법을 꿈 실현의 세 번째 도구인 '시각화'에서 이미 배웠습니다. 그렇다 하더라도 마음의 눈으로 보는 시각 능력을 꾸준히 계발하기를 바랍니다.

3. 간접 경험 효과

잠시 간단한 실험을 해보겠습니다. 눈을 감고, 당신이 이상적으로 생각하는 사람의 얼굴을 그려보십시오. 어떤 얼굴이 그려집니까?

그려진 얼굴이 전혀 낯선 얼굴입니까? 아니면 잘 아는 얼굴입니까? 아마 어떤 분은 자신의 배우자를 이상형의 얼굴로 그렸을 것입니다. 대부분은 TV 프로그램 등과 같은 대중 매체를 통해 자신이 잘 알고 있는 인기 연예인이나 운동선수를 이상형의 얼굴로 그렸을 것입니다.

왜 이런 결과가 나오는 것일까요? 그것은 우리가 마음속에서 그리는 것은 우리가 그동안 외부 세계에서 얻은 지식과 정보, 또는 우리가 한 체험에서 나오는 것이기 때문입니다. 그러므로 우리가 살면서 한 번도 해보지 않은 상황을 생생하게 상상하는 것은 거의 불가능합니다.

예를 들면, 당신이 신혼여행 장소로 남태평양의 아름답고 낭만이 가득 찬 해변을 꿈꾸고 있습니다. 그런데, 전에 한 번도 그곳에 가본 적이

없습니다. 과연 당신은 한 번도 가본 적이 없는 그 아름다운 해변을 생생하게 상상할 수 있겠습니까?

물론 그럴 수 없을 것입니다. 당신은 과거에 가본 다른 해변 외에는 다른 상상을 하기가 쉽지 않을 것입니다. 당신의 상상력은 무궁무진하겠지만, 실제로 상상할 때에는 그동안 당신이 얻은 지식과 정보, 겪은 경험 안에서 제한을 받는다는 것입니다.

이런 경우에 필요한 것이 보물지도입니다. 보물지도에 당신이 신혼여행으로 가고 싶은 그 아름다운 해변의 사진을 구해 붙여놓는 것입니다. 그런 다음 이 사진을 보고 상상한다면, 직접 가보지 않더라도 얼마든지 실제로 그곳에 있는 것처럼 생생하게 느끼면서 상상하는 간접 경험의 효과를 볼 수 있습니다.

보물지도의 5가지 구성 요소

성공은 우리 주변에 널려 있는 돌덩이와도 같다.
그것을 조각하기 위한 도구와 그림이 준비되어 있지 않기 때문에
우리는 항상 남의 작품만 보고 부러워할 뿐이다. 당신도 좋은 작품 하나쯤은 만들 수 있다.
당신이 성공한 훗날의 모습을 미리 그리고 그것을 조각하기 위한 도구를 준비하라.
그리고 지금 당장 성공의 돌덩이를 조각하라.

− 《그대의 새벽을 깨워라》 중에서 −

지금까지 우리는 보물지도가 무엇이고, 보물지도가 주는 효과에 대해 구체적으로 알아보았습니다. 이제는 당신이 직접 보물지도를 만드는 방법에 대해 알아보겠습니다. 그러기 위해 보물지도 안에 들어갈 내용에는 어떠한 것들이 있는지 알 필요가 있습니다.

보물지도는 다음의 5가지 구성 요소에 의해 만들어집니다.

①제목 ②부제목 ③사진 ④시각화 자극 문구 ⑤마무리 문구

이 5가지 구성 요소의 내용이 정해지면, 당신이 사용하고 싶은 매체에 이를 적절하게 배치하면 보물지도가 완성됩니다. 다음 장에 스마트폰으로 보물지도를 만드는 방법을 설명하면서 그 과정을 보여드리겠습

니다. 이에 앞서 보물지도의 5가지 구성 요소 하나하나의 내용을 어떻게 정하는지 살펴보겠습니다.

첫 번째 요소 : 제목

제목은 당신만의 독창적인 것을 고안해서 붙여도 좋습니다. 하지만 여기서는 누구나가 쉽게 제목을 붙일 수 있는 간단한 공식을 소개하겠습니다.

> 제목 = "이름 또는 별명 + '의' + 주제 + 보물지도"

예를 들면, 당신의 이름이 '준호'이고, 세일즈로 성공하고 싶은 꿈이 있어서 보물지도를 만든다고 한다면, 제목은 "준호의 '세일즈' 보물지도"라고 붙이면 됩니다. 만약 당신의 이름이 '지은'이고, 다이어트를 하여 날씬한 몸매를 만들고 싶은 꿈이 있다면, 보물지도의 제목은 "지은의 '다이어트' 보물지도"라고 하면 됩니다. 당신의 별명이 '앤디'이고, 버킷 리스트의 내용으로 보물지도를 만들고 싶다면, 제목은 "앤디의 '버킷 리스트' 보물지도"라고 할 수 있습니다. 제목을 붙이는 게 별로 어렵지 않죠?

두 번째 요소 : 부제목

부제목은 '버킷 리스트'에 기록된 꿈의 내용을 자성예언의 형태로 바꾸어 표시합니다. 꿈 실현 도구 2번째에서 이미 설명했기 때문에 여기서는 자성예언으로 바꾸는 공식으로 방법을 간단히 설명하겠습니다.

예를 들어 설명하겠습니다. 만약에 당신이 원하는 꿈이 '세일즈로 매달 월 1,000만 원 벌기'이고 기한을 '2017'년으로 정했다면, 부제목은 "나는 2017년부터 세일즈로 매달 월 1,000만 원 이상 번다."라고 표현하면 됩니다. 만약 당신이 원하는 꿈이 '48kg의 날씬한 몸매 만들기'이고 기한을 '2015'년으로 정했다면, 부제목은 "나는 2015년까지 48kg 이하의 날씬한 몸매를 만든다."라고 표현할 수 있습니다.

세 번째 요소 : 사진

보물지도의 5가지 구성 요소 중에서 가장 중요한 요소가 바로 '사진'입니다. 당신이 원하는 것이 마치 현실에서 이루어진 것처럼 느끼면서 상상하기에 가장 적합한 사진을 찾는 것이 중요합니다. 당신은 이러한 정지된 상태의 사진을 보고 눈을 감은 후 시각화를 하는 동안 마음속으로 그 이미지를 당신이 원하는 상황에 맞게 움직이는 동영상으로 전환하게 됩니다.

그러면 우리는 어떻게 보물지도에 가장 적합한 사진을 찾을 수 있을까요? 방법은 우리가 이미 배운 시각화 플롯을 활용하는 것입니다. 좀 더 구체적으로 알아보겠습니다.

1. 먼저 시각화 플롯을 읽으면서 가장 먼저 떠오르는 핵심 이미지가 무엇인지를 생각합니다.

2. 핵심 이미지와 일치하는 단어를 정의합니다.

　많은 경우 시각화 플롯에서 그 단어를 찾을 수 있을 것입니다.

3. 정의된 단어로 인터넷에서 이미지 검색을 합니다.

4. 많은 이미지들 중에서 시각화 플롯에 가장 적합한 사진을 찾습니다.

5. 마음에 드는 사진을 찾으면 그 사진을 다운로드 받아 저장합니다.

그런데, 인터넷 검색을 통해서 마음에 드는 이미지의 사진을 찾을 수 없는 경우에는 어떻게 하면 좋을까요? 이런 경우에는 몇 장의 사진을 합성해서 당신이 원하는 이미지의 사진을 표현할 수 있는지 생각해봅니다. 또는 원하는 이미지를 직접 만들 수 있는지도 생각해봅니다.

앞에서 이미 작성된 세일즈맨 준호의 '세일즈로 매달 1,000만 원 벌기'에 대한 시각화 플롯을 예로 들어 설명하겠습니다.

〈세일즈맨 준호의 시각화 플롯〉

1. 매달 1,000만 원 이상이 꼬박꼬박 통장에 입금된 것을 보고
　흐뭇한 미소를 짓는 장면

2. 조 지라드와 같은 최고의 프로 세일즈맨처럼
　고객이 한눈에 반할 정도로 준비가 되어 있는 장면

3. 잠재고객과 만나 쉽게 친해지고 즐겁게 대화를 나누는 장면

4. 기존 고객이 전화를 걸어서 새로운 고객을 소개해주고,
　소개 받은 고객에게 전화를 해 약속을 잡고,
　그 약속 스케줄에 따라 하루 종일 바쁘게 새로운 고객들을 만나러 다니는 장면

5. 소개 받은 고객들과 만난 후 계약까지 맺고 기뻐 날뛰는 장면

6. 드디어 오랫동안 기다려온 새 아파트로 이사 가며 가족 모두가 기뻐하는 장면

시각화 플롯의 첫 번째 내용에 가장 적합한 핵심 이미지로 어떤 이미지가 떠오르나요? 물론 사람마다 각기 다를 수 있습니다. 어떤 사람은 '통장을 보면서 기뻐하는 사람'의 이미지를 떠올릴 것입니다. 또 어떤 사람은 '매달 1,000만 원 이상이 입금된 통장 내역'의 이미지를 떠올릴 수도 있습니다. 중요한 것은 어떤 이미지가 당신에게 가장 생생한 느낌을 주는가 입니다. 이 책에서는 더 생생한 느낌을 줄 것이라고 생각하여 후자의 사진으로 결정하였습니다. 이 사진은 실제 통장의 빈 내역을 사진으로 찍은 후, 컴퓨터 상에서 입금 내역을 가상으로 만들어 실제와 같은 효과를 냈습니다.

시각화 플롯의 두 번째 내용에 가장 적합한 핵심 이미지로는 자동차 판매 왕 조 지라드를 떠올릴 것입니다. 하지만 자신이 닮고 싶은 멘토가 아직 정해지지 않은 경우는 어떻게 해야 할까요? 그런 경우에는 '최고의 프로 세일즈맨'이라는 이미지를 나타낼 수 있는 사진을 찾으면 됩니다.

'최고의 프로 세일즈맨'이라는 말이 추상적이기 때문에 이를 표현할 수 있는 이미지로는 'No.1'의 의미로 엄지손가락을 위로 뻗어 올린 사진과 'No.1 세일즈맨'이라는 글자를 합성하여 사진을 만들 수도 있습니다. 물론 당신이 지닌 창의성을 발휘하여 더 나은 이미지의 사진을 얼마든지 찾을 수 있거나 만들 수 있습니다.

이런 식으로 6가지 시각화 플롯을 토대로 정리한 사진의 핵심 이미지와 보물지도에 사용하기 위해 찾아내거나 만든 사진들은 다음과 같습니다.

〈보물지도에 사용할 사진〉

1. 매달 1,000만 원 이상이 입금되는 통장 내역

2. No.1 이미지와 'No.1 세일즈맨' 글자의 합성

거래하신 내용(예금 및 대출)				
거래일	내 용	찾으신금액	맡기신금액	남은금액
20121110	인터넷		11,500,000	￦25,000,000
20121210	인터넷		10,500,000	￦35,500,000

3. 두 사람이 기쁘게 대화하는 모습

4. 바쁜 것을 상징하는 사진

4. 기뻐 날뛰는 모습

6. 새 아파트 사진

네 번째 요소 : 시각화 자극 문구

시각화 자극 문구는 보물지도에서 '사진' 다음으로 중요한 구성 요소입니다. 이 문구는 보물지도의 각 사진 밑에 배치됩니다. 이 문구는 사진이 무엇을 의미하는지 알 수 있도록 돕는 문구입니다. 또한 당신이 사진을 보고 생생한 상상의 세계로 들어가도록 그 문을 열어주는 열쇠가 됩니다.

시각화 자극 문구는 사진 밑에 배치되기 때문에 공간의 한계가 있어서 가능하면 짧게 만들어야 합니다. 좋은 감정을 불러일으킬 수 있도록 "와!" "어쩜!" "이럴 수가!" "야호!" 등과 같은 감탄의 단어를 포함시켜 만듭니다. "드디어" "정말" "이렇게 ~한" 등과 같은 강조의 단어를 포함시켜도 좋습니다. 그리고 문구 끝에는 기쁨이나 다짐 등을 표현하는 느낌표 '!'를 사용합니다.

사진과 시각화 자극 문구가 적합한지 어떻게 알 수 있을까요? 사람마다 보고 느끼는 관점이 서로 다를 수 있습니다. 그러므로 기준은 사진과 시각화 자극 문구를 본 후 눈을 감으면 자연스럽게 시각화 플롯이 생각나고, 그 상황에 대한 상상의 세계로 들어갈 수 있으면 사진과 문구가 자신에게 가장 적합한 것임을 알 수 있겠습니다.

예를 들어, 앞에서 이미 제시된 '준호의 세일즈 보물지도'에서 사용할 첫 번째 사진인 '매달 1,000만 원 이상이 입금되는 통장 내역' 사진의 경우 다음과 같은 시각화 자극 문구를 사용할 수 있습니다.

"와! 이번 달에도 통장에 1,000만 원이 넘게 들어왔네!"

통장 내역 사진을 보면 2달 동안 1,000만 원 이상이 입금된 것을 알 수 있습니다. 이를 설명하는 표현이 "이번 달에도 통장에 1,000만 원이 넘게 들어왔네."입니다. 이번에는 당신 자신이 시각화 자극 문구를 읽으면서 사진과 더불어 좋은 느낌을 불러일으키도록 "와!"라는 감탄의 단어를 문구에 포함시켰습니다. 문구의 끝에는 느낌표 '!'를 포함시켜 기쁨을 표현하였습니다. 따라서 사진과 시각화 자극 문구를 보게 되면 당신은 자연스럽게 상상의 나래를 펼치면서 '매달 1,000만 원 이상이 꼬박꼬박 통장에 입금된 것을 보고 기뻐하는 상황'속으로 빠져들게 될 것입니다.

다음으로 두 번째 사진인 'No.1 이미지와 No.1 세일즈맨 글자'의 합성 사진 사진의 경우 다음과 같은 시각화 자극 문구를 사용할 수 있습니다.

"난 조 지라드처럼 준비된 최고의 프로 세일즈맨!"

합성 사진을 보면 '최고의 프로 세일즈맨'을 의미한다는 것을 쉽게 알 수 있습니다. 이를 자신에게 연관시킨 표현이 "난 최고의 프로 세일즈맨"입니다. 여기서는 느낌표 '!'를 포함시켜 다짐을 표현했습니다. 또한 자신을 멘토인 조 지라드와 같은 최고의 프로 세일즈맨으로 준비하겠다는 결의를 표현하기 위해 '조 지라드처럼 준비된'이라는 말을 '최고의 프로 세일즈맨' 앞에 덧붙였습니다. 따라서 사진과 시각화 자극 문구를 보게 되면 당신은 자연스럽게 상상의 나래를 펼치면서 '조 지라드처럼 최고의 프로 세일즈맨으로 준비가 된 상태에서 자신감을 지니고 고객을 만나는 상황'속으로 빠져들게 될 것입니다.

이런 식으로 보물지도에 사용할 6개의 사진과 시각화 플롯을 토대로 시각화 자극 문구를 정리하면 다음과 같습니다.

1. "와! 이번 달에도 통장에 1,000만 원이 넘게 들어왔네!"
2. "난 준비된 최고의 프로 세일즈맨!"
3. "고객과 만나 대화하는 것이 기뻐!"
4. "소개해준 분들만 만나는데도 이렇게 바쁠 수가!"
5. "야호! 오늘도 한 건 올렸다!"
6. "드디어 꿈에 그리던 아파트로 이사 간다!"

다섯 번째 : 시각화 마무리 문구

시각화 마무리 문구는 보물지도 맨 밑에 배치되는데, 시각화를 마치면서 보물지도의 내용이 현실에서 그대로 이루어지리라는 당신의 믿음을 표현하는 말입니다. 이 문구로 사용하기에 가장 좋은 말은 이미 다 이루어진 것처럼 믿고 그것에 대해 감사하는 것입니다. 즉, '다 이루어져서 감사합니다!!!', '다 이루어주셔서 감사합니다!!!', '저를 낫게 해주셔서 감사합니다.' 등과 같은 말입니다. 이미 이루어진 것처럼 생각하고 미리 그것에 대해 감사하는 것보다 더 큰 믿음의 표현은 없는 것 같습니다.

물론 당신이 생각하기에 더 좋은 표현이 있다면 그것을 사용해도 좋습니다. '조 지라드도 해냈는데, 왜 나라고 못해!'와 같은 다짐이나 결의의 표현도 괜찮습니다. '간절히 구하면 이루어진다!', '생생히 상상하면 이루어진다!' 등과 같은 불변의 진리도 괜찮습니다. '나의 때가 쓰나미처럼 밀려오고 있다.', '내가 하는 일은 만사형통한다.' 등과 같은 행운의 말도 좋습니다.

중요한 것은 보물지도의 내용이 현실에서 그대로 이루어지리라는 당신의 믿음을 표현할 수 있는 말이라면 그 어떤 말이라도 '시각화 마무리 문구'로 사용할 수 있습니다.

스마트폰에서 보물지도 만들기

이 세상은 우리의 상상을 담는 하나의 캔버스에 지나지 않는다.

— 헨리 데이비드 소로 —

이제 당신 스스로 보물지도를 직접 만드는 방법에 대해 알아보겠습니다. 예전에는 대부분의 사람들이 주로 코르크 보드 판에 보물지도를 만들었습니다. 물론 개인의 취향에 따라 앨범에 보물지도를 만드는 사람들도 많았습니다.

하지만 종이 매체가 점점 줄어드는 추세이기 때문에 보드 판이나 앨범 등과 같은 매체를 이용하는 사람들도 점점 줄어들고 있습니다. 그러므로 앞으로 보드 판이나 앨범 등에 보물지도를 만드는 사람들은 그리 많지 않을 것 같습니다.

대신에 과학 기술의 획기적인 발전으로 스마트폰에 갖가지 놀랄만한 기능들이 추가되어, 이제는 스마트폰 하나만으로도 누구나가 쉽게 보물지도를 만드는 것이 가능하게 되었습니다. 또한 전 세계적으로 누구나가 스마트폰을 휴대할 수 있게 되면서 사람들이 점점 더 스마트폰으로 보물지도를 만드는 추세입니다.

시대의 흐름에 맞춰 이 책에서도 스마트폰을 이용하여 누구나가 쉽게 보물지도를 작성할 수 있는 방법을 소개할까 합니다. 그러기 위해서 꼭 필요한 것은 '사진 꾸미기 앱'입니다. 그중에서도 사진 이미지와 함께 짧게 설명하는 글을 입력할 수 있도록 '텍스트' 기능이 제공되는 '사진 꾸미기 앱'이 필요합니다.

참고로 이 책에서는 '사진 부스(Photo Booth, RainbowSun Software Development에서 제작)'라는 앱을 이용하여 보물지도를 만들었습니다. 초보자의 경우는 무료 앱을 다운로드 받아 사용하는 것이 좋습니다. 사진 부스 어플의 자세한 사용법은 '네이버 카페 드림밀리어네어'에 제작과정 한 컷 한 컷을 상세하게 설명하여 게시해두었습니다.

조금만 시간을 투자한다면 '사진 꾸미기 앱'은 누구나가 쉽게 배울 수 있습니다. 이 책에서는 원칙적인 것만을 다루고 있지만, 당신은 이를 토대로 얼마든지 창의성을 발휘하여 더 간절하고, 더 생생한 느낌을 불러일으킬 수 있는 보물지도를 만들 수 있습니다.

이제 직접 앱을 이용하여 보물지도가 만들어지는 과정을 보여주도록 하겠습니다. 다음의 4단계 과정을 따르면 스마트폰으로 보물지도를 쉽게 작성할 수 있습니다. 이미 앞에서 제시한 보물지도의 5가지 구성 요소의 예를 사용하여 설명하겠습니다.

1. 제목 등 문구 입력

보물지도 전체의 틀을 잡기 위해 먼저 제목, 부제목, 마무리 문구를 입력하여 스마트폰 화면에 배치합니다. 제목은 입력 후, 스마트폰 화면 제일 상단 중앙에 크게 확대하여 배치합니다. 부제목은 입력 후, 제목 바로 밑에 제목의 길이나 그보다 조금 긴 길이가 되도록 확대하여 배치합니다. 마무리 문구는 입력 후, 스마트폰 화면 제일 하단 중앙에 크게 확대하여 배치합니다. 제목보다는 좀 작게 확대하는 것이 보기 좋습니다. 제시된 문구의 예와 이를 입력한 후의 결과는 다음과 같습니다.

제목 : 준호의 '세일즈' 보물지도
부제목 : 2017년부터 세일즈로 매달 1,000만 원 이상 번다
마무리 문구 : 다 이루어져서 감사합니다!

2. 사진 배치

이번에는 사진을 배치합니다. 스마트폰 화면의 크기가 이미 정해져 있으므로 사진의 장수에 제약이 있을 수밖에 없습니다. 중요한 기준은 사진과 문구의 내용을 분명히 알아볼 수 있게 배치해야 한다는 것입니다. 스마트폰의 기종도 다양하여 스마트폰 화면의 크기도 다를 수 있기 때문에 각자의 여건에 따라 사진의 최대 장수를 정할 필요가 있습니다.

사진 배치는 상상하기 좋도록 '시각화 플롯'의 순서로 배치합니다. 스마트폰 화면에 배치할 때에는 평상시 우리 눈에 익숙한 순서에 따라 맨 위에서 아래로, 왼쪽에서 오른쪽의 순으로 배치하면 됩니다. 사진 밑에 '시각화 자극 문구'를 배치해야 한다는 생각을 염두에 두고 그 공간을 남겨 둔 채로 보기 좋게 사진의 크기를 조절하여 배치합니다.

사진 배치에 특정한 공식은 없습니다. 사진의 내용을 분명히 알아볼 수 있도록 배치하는 것이 중요합니다. 많이 사용하는 방식으로 권한다면, 사진이 6장인 경우에는 한 줄에 2장씩 3줄로 나누어 배치할 수 있습니다. 사진이 8장인 경우에는 3-2-3으로 나누어 배치할 수 있습니다. 사진이 9장인 경우에는 한 줄에 3장씩 3줄로 나누어 배치할 수 있습니다.

각각 사진 밑에 '시각화 자극 문구'를 배치해야 하기 때문에 한 줄에 3장이 넘게 배치하는 것은 그리 바람직하지 않습니다. 만약 자신의 사진을 보물지도에 포함하고 싶을 경우에는 화면 중앙에 배치하는 것이 보기 좋습니다. 제시된 사진의 예와 이를 배치한 결과는 다음과 같습니다.

- **첫 번째 줄**
  매달 1,000만 원 이상이 누적되는
  통장 사진

- **두 번째 줄**
  No.1 이미지 사진
  두 사람이 기쁘게 대화하는 모습의 사진
  바쁜 것을 상징하는 사진

- **세 번째 줄**
  기뻐 날뛰는 사진
  새 아파트 사진

3. 시각화 자극 문구 입력

시각화 자극 문구를 작성하는 구체적인 방법은 이미 앞에서 다루었습니다. 여기서는 단지 이미 정해진 문구를 입력하여 사진 밑에 적절한 크기로 배치하면 됩니다. 사진과 더불어 문구가 분명히 눈에 들어올 수 있도록 입력하는 것이 중요합니다. 문구가 길면 여러 줄로 나누어서 입력합니다. 제시된 '시각화 자극 문구'의 예와 이를 배치한 결과는 다음과 같습니다.

- **첫 번째 줄:**
  매달 1,000만 원 이상이 누적되는 통장 사진
  → "와! 이번 달에도 통장에 1,000만 원이 넘게 들어왔네."

- **두 번째 줄:**
  No.1 이미지 사진
  → "난 최고의 프로 세일즈맨!"

두 사람이 기쁘게 대화하는 모습의 사진
→ "고객과 만나 대화하는 것이 기뻐!"

바쁜 것을 상징하는 사진
→ "소개해준 분들만 만나는데도
　이렇게 바쁠 수가!"

• 세 번째 줄:
기뻐 날뛰는 사진
→ "야호! 오늘도 한 건 올렸다!"

새 아파트 사진
→ "드디어 꿈에 그리던 아파트로 이사 간다!"

4. 보물지도 꾸미기

보물지도의 내용은 다 만들어졌습니다. 이제는 보물지도를 멋지게 꾸미는 일만 남았습니다. 앱이 가지고 있는 기능을 사용하면 멋지게 꾸밀 수 있는 방법이 많이 있지만, 여기서는 배경색을 깔고, 사진에 그림자를 넣고, 보물지도에 약간의 장식을 더하였습니다. 그렇게 해서 최종적으로 만들어진 결과는 다음과 같습니다.

이제부터 실제 사례를 통해 스마트폰에서 만들어지는 3가지 보물지도의 유형 '워너비 보물지도', '결혼 보물지도', '버킷 리스트 보물지도'를 소개할까 합니다. 이 책의 부록에서 10가지 유형의 주제별 보물지도를 볼 수 있으니 그것은 나중에 참고로 살펴보면 됩니다.

그러면 이야기를 시작하겠습니다.

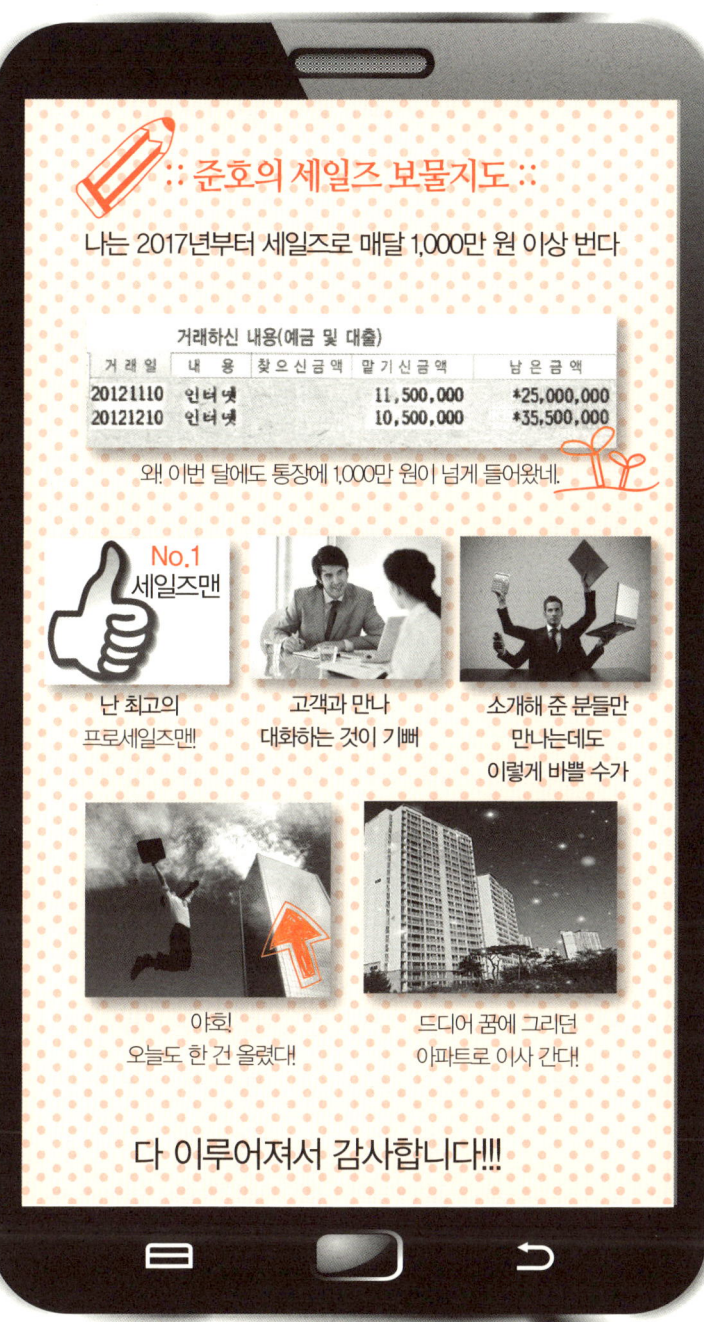

:: 준호의 세일즈 보물지도 ::

나는 2017년부터 세일즈로 매달 1,000만 원 이상 번다

거래하신 내용(예금 및 대출)				
거 래 일	내 용	찾으신금액	맡기신금액	남은금액
20121110	인 터 넷		11,500,000	₩25,000,000
20121210	인 터 넷		10,500,000	₩35,500,000

왜, 이번 달에도 통장에 1,000만 원이 넘게 들어왔네.

No.1
세일즈맨

난 최고의
프로세일즈맨!

고객과 만나
대화하는 것이 기뻐

소개해 준 분들만
만나는데도
이렇게 바쁠 수가

야호!
오늘도 한 건 올렸다!

드디어 꿈에 그리던
아파트로 이사 간다!

다 이루어져서 감사합니다!!!

아놀드의 워너비 보물지도

나는 전 세계 곳곳에서 큰 꿈을 이룬 사람, 대성공을 거둔 사람,
운명, 부, 건강을 자신의 생각대로 손에 쥔 사람들을 수없이 만나왔다.
그들의 공통점은 이상적인 미래상, 즉 자신이 되고자 하는 모습을
계속해서 뚜렷하게 머릿속으로 그려왔다는 것이다.

– 우에니시 아키라 –

어느 날 오스트리아의 작은 마을에 사는 한 소년이 축구 코치를 따라 보디빌딩 체육관에 가게 되었습니다. 역도를 훈련하기 위해 간 것이었지만, 소년에게는 인생의 전환점이 되었습니다. 소년은 5년 동안 학교 축구 선수로 활동하고 있었습니다. 하지만 소년은 팀 스포츠인 축구를 그리 좋아하지 않았습니다. 뭔가 자신이 돋보이고 싶었고, 최고가 되고 싶었습니다.

코치를 따라 체육관 안에 들어선 순간 소년은 깜짝 놀랐습니다. 생전 처음 우람한 근육질의 몸으로 다져진 보디빌더들을 본 것이었습니다. 갑자기 소년의 심장이 뛰기 시작했습니다. 소년은 이후로 보디빌딩에 빠져들기 시작했습니다. 보디빌딩에 관한 책들을 있는 대로 다 구해 읽

으면서 보디빌딩에 대해 공부했습니다.

그러던 중 레그 파크라는 사람이 소년의 눈에 들어오게 되었습니다. 그는 키도 크고 우람한 몸을 지닌 영국인 보디빌더이자 배우였습니다. 소년은 바로 이 사람이 자신이 되고 싶은 바로 그 사람이라는 것을 깨달았습니다.

소년은 미스터 유니버스 출신인 레그 파크의 사진이 실려 있는 관련 잡지를 있는 대로 수집했습니다. 그리고는 잡지에 실린 근육질 몸매의 레그 파크 사진을 오려내 그 사진들로 소년의 방을 도배하다시피 했습니다.

소년은 방에 들어가 레그 파크의 사진을 볼 때마다 이렇게 스스로에게 예언했습니다.

"난 반드시 레그 파크와 같은 세계적인 보디빌더가 되고 말 거야."

그리고는 레그 파크와 같은 포즈를 취해보기도 하고, 미스터 유니버스 대회에 나가 이두박근, 삼두박근 등의 근육을 보이며 시합을 하는 자신의 모습을 생생히 그려보는 시간을 갖기도 했습니다. 자신이 마치 레크 파크가 된 것 같은 착각이 들 정도였습니다. 이런 상상의 시간을 가질수록 소년은 꿈을 이루고자 하는 마음이 더욱더 강렬해졌습니다. 레그 파크와 같은 우람한 근육질을 만들기 위해 참기 힘든 오랜 시간의 고통스러운 훈련도 무난히 이겨낼 수 있었습니다. 주위에서 들려오는 비아냥대는 소리도 가볍게 여기며 지나칠 수 있었습니다.

5년 동안의 끊임없는 노력 끝에 소년은 마침내 레그 파크와 같은 우람한 근육질의 사나이가 되었습니다. 20살의 어린 나이에 레그 파크처럼 세계에서 가장 몸이 잘 다져진 미스터 유니버스로 뽑혔습니다. 레그 파크처럼 할리우드 영화배우도 되었습니다. 실은 레그 파크보다 더 뛰어난 할리우드 톱스타가 되었습니다. 거기서 한 발 더 나아가 캘리포니아 주지사에 당선되어 성공적인 정치인이 되었습니다. 그가 바로 아놀드 슈워제네거입니다.

아놀드 슈워제너거는 축구 코치를 따라 보디빌딩 체육관에 갔다가 생각지도 않게 자신의 첫 번째 꿈을 발견했습니다. 바로 세계적인 보디빌더가 되고 싶은 꿈이었습니다. 그리고 자신이 닮고 싶은 꿈의 멘토로 레그 파크를 정했습니다. 이어서 멘토의 사진을 구해서 방 안을 그 사진들로 도배했습니다. 이것이 그의 '워너비 보물지도'였습니다.

'워너비(wannabe)'란 영어 'want to be'를 연음하여 발음한 것으로 우리말로는 '~가 되고 싶다'입니다. 따라서 워너비 보물지도는 미래에 당신이 되고 싶은 꿈이 실현되는 성취 과정, 성취 결과, 성취 후의 삶 등과 유사하거나 일치하는 사진들로 구성됩니다. 워너비 보물지도에는 보통 당신이 닮고 싶은 멘토의 사진을 포함시킵니다.

멘토는 당신이 되고 싶은 꿈을 이미 이룬 분입니다. 멘토는 꿈을 이루는 과정에서 많은 시행착오를 겪었습니다. 그래서 꿈을 이루는 지름길을 알고 있습니다. 멘토가 제시하는 방법을 따른다면 훨씬 쉽게 당신의 꿈을 이룰 수 있을 것입니다. 멘토가 있다는 것은 당신의 꿈으로 길 안내를 해줄 내비게이션을 다는 것과 같습니다.

그러면 아놀드 슈워제네거는 멘토인 레그 파크의 사진을 보면서 구체적으로 어떤 상상을 했을까요? 아마 그는 다음과 같은 상상을 했을 것입니다. 이것은 우리가 앞서 배웠던 시각화 플롯을 만드는 것에 해당합니다.

1. 성취 결과
- 미스터 유니버스 대회에 나가 1등 수상을 하고 기뻐하는 장면

2. 성취 과정
- 멘토 레그 파크처럼 우람하고 멋진 근육질 몸매를 만들기 위해 하드 트레이닝 하는 장면
- 다른 선수들과 차별화된 근육질 몸매를 만들기 위해 특별한 훈련을 하는 장면
- 미스터 유니버스 대회에 나가서 넋을 잃고 자신의 몸을 바라보고 있는 사람들 앞에서 유감없이 실력을 과시하는 장면

3. 성취 후의 삶
- 할리우드 영화제작자로부터 액션영화 출연 교섭을 받고, 이미 오래전부터 기다려왔다는 듯이 기뻐하며 출연 계약을 하는 장면
- 광고 및 영화 출연으로 대저택을 구입하여 재정적인 풍요를 누리는 장면

우리는 그가 한 상상을 토대로 하여 스마트폰에서 '아놀드의 워너비 보물지도'를 만들어보겠습니다. 먼저 시각화 플롯과 유사하거나 일치하

는 사진을 찾습니다. 마땅한 사진을 찾을 수 없는 경우에는 이미지 사진을 사용할 수도 있고, 여러 장의 사진을 합성해서 사용할 수도 있습니다. 위의 플롯 하나하나에 사용할 수 있는 사진을 다음과 같이 정했고, 괄호 안에는 더 실감이 날 수 있는 사진을 제시해보았습니다.

1. 금메달과 트로피 합성 사진
   (미스터 유니버스 시상식 사진)

2. 보디빌더의 근육질 몸매 사진
   (멘토 레그 파크의 근육질 몸매 실제 사진)

3. 보디빌더의 근육 부위별 합성 사진
   (세계적인 보디빌더의 근육 부위별 합성 사진)

4. 경기를 관람하러 모인 많은 사람들 사진

5. 영화계로 진출하여 활동하는 사진
   (영화의 근거지 할리우드를 상징하는 할리우드 사인 사진)

6. 대저택 사진

이번에는 각각의 사진 밑에 배치할 시각화 자극 문구를 사진별로 작성하였습니다. 이 문구는 사진과 함께 보았을 때 시각화 플롯이 떠오르도록 힌트를 주는 문구입니다.

1. "마침내 내가 해냈어! 너무 기뻐!"

2. "나도 저런 우람한 근육질 몸매를 꼭 갖고 말 거야!"

3. "그래, 남들과 다른 나만의 몸을 만들어야지!"

4. "와, 넋을 잃고 내 몸을 보는 저 많은 사람들 좀 봐!"

5. "오래전부터 연락오기를 기다렸어요!"

6. "광고와 영화 출연으로 이렇게 좋은 집에서 살게 되다니!"

스마트폰에서 '워너비 보물지도'를 만들 수 있는 가장 중요한 재료는 준비되었습니다. 이제 제목, 부제목, 마무리 문구만 정하면 됩니다.

제목: "아놀드의 워너비 보물지도"

부제목: "나는 1967년까지 세계적인 보디빌더가 된다."

마무리 문구: "다 이루어져서 감사합니다!!!"

[참고] 아놀드는 1960년대 후반부터 훌륭한 보디빌더 선수로 유명해졌기에
워너비 보물지도의 목표 연한을 1967년으로 설정했습니다.

앞에서 배운 '스마트폰에서 보물지도 만들기'의 순서에 따라 '아놀드의 워너비 보물지도'를 만들면 다음과 같습니다.

:: 아놀드의 워너비 보물지도 ::

나는 1967년까지 세계적인 보디빌더가 된다

마침내 내가 해냈어!
정말 기뻐!

나도 저런 우람한 근육질 몸
매를 꼭 갖고 말거야!

그래, 남들과 다른
나만의 몸을 만들어야지

왜, 넋을 잃고 내 몸을 보는
저 많은 사람들 좀 봐

오래전부터
연락오기를 기다렸어요!

광고와 영화 출연으로 이렇게
좋은 집에서 살게 되다니!

다 이루어져서 감사합니다!!!

글레나의 결혼 보물지도

만약 그대가 그대 자신에게서 전혀 아름다운 것을 볼 수 없다면,
더 좋은 거울을 구하라.

– 세인 코이잰 –

여기 글레나 솔즈베리라는 여자의 아주 흥미로운 꿈 실현 이야기가 있습니다. 그녀가 실제로 경험한 이야기는 마치 동화 속에서나 있을 법한 아주 신기한 일이었습니다. 그래서 그녀의 이야기는 텔레비전과 라디오 등의 대중매체를 통해 먼저 미국 내에 알려졌습니다. 그 이후 꿈실현에 관한 책들에 이 이야기가 실리면서 전 세계에 많은 사람들의 입에도 오르내리게 되었습니다.

그 당시 글레나는 세 명의 딸을 키우며 매달 어렵게 생계를 꾸려가는 돌싱이었습니다. 하지만 어려운 환경에서도 꿈을 잃지 않고 살아가는 낙천적인 여자였습니다. 그녀는 기회가 될 때마다 자신의 꿈을 기도 목록에 작성해놓고 기원하고는 했습니다.

그러던 어느 날 저녁 한 세미나에 참석했다가 글레나는 강사가 전하는 꿈 실현의 공식에 대한 설명을 듣고 감명을 받았습니다. 그 공식은 간단했습니다.

$$\text{I (Imagination: 상상)} \times \text{V (Vividness: 생생함)} = \text{R (Reality: 현실)}$$

즉, 생생하게 상상하면 이루어진다는 공식이었습니다.

강사는 우리가 상상할 때 글자가 아니라 이미지로 상상한다고 예를 들어가며 설명해 주었습니다. 우리가 원하는 것을 마음속에서 더 생생하게 상상할수록 그 결과가 더 빨리 현실로 나타나게 된다고 말해주었습니다. 갑자기 그녀의 머릿속이 밝아지는 것 같은 느낌이 들었습니다.

글레나는 세미나에서 배운 대로 그동안 기도 목록에 글로 적어놓은 것들을 사진으로 바꾸는 작업을 시작했습니다. 각종 잡지를 뒤져 그녀가 원하는 구체적인 사진들을 찾아 오렸습니다. 그리고 고급 앨범에 다음 사진들을 붙여놓고 그 사진들을 보면서 마음속으로 생생히 상상하는 시간을 가졌습니다.

1. 매우 잘 생긴 남자 사진
2. 예쁜 꽃다발 사진
3. 다이아몬드 반지 사진
4. 순백색의 웨딩드레스를 입은 신부와 멋진 턱시도를 차려 입은 신랑사진
5. 눈이 부실 정도로 푸른 카리브 해의 섬 사진
6. 사랑스러운 집 사진
7. 고급 가구들 사진
8. 여성 임원 사진

글레나는 앨범에 붙여놓은 사진들을 보면서 구체적으로 어떤 상상을 했을까요? 아마 그녀는 다음과 같은 내용들을 상상했을 것입니다. 이것은 우리가 앞서 배웠던 시각화 플롯에 해당합니다.

1. 성취 과정

- 아주 잘 생긴 남자를 만나 데이트하는 장면
- 예쁜 꽃다발을 선물로 받고 기뻐하는 장면
- 다이아몬드 반지를 선물로 받고 황홀해 하는 장면

2. 성취 결과

- 멋진 턱시도를 차려 입은 그 남자와 순백색의 웨딩드레스를 입고 행복한 결혼식을 올리는 장면

3. 성취 후의 삶

- 눈이 부실 정도로 푸른 카리브 해의 섬에서 배우자와 함께 신혼여행의 단꿈을 꾸는 장면
- 우아한 고급 가구들로 꾸며진 아름다운 새 집으로 이사하여 행복한 결혼생활을 즐기는 장면
- 결혼 후 승진하여 회사의 첫 번째 여성 인사담당 부사장이 된 장면

첫 번째 징조가 나타나는 데에 그리 오랜 시간이 걸리지 않았습니다. 시각화 작업을 시작한 지 8주 후에 첫 번째 사진에 해당하는 매우 잘 생긴 남자를 운전하고 가다가 고속도로 상에서 우연히 만나게 된 것입니다. 그 일로 인해 데이트를 하게 되었고, 첫 번째 데이트에서 두 번째 사진에 해당하는 예쁜 꽃다발을 선물로 받았습니다.

이렇게 글레나는 앨범에 붙여놓은 사진들이 상상한 대로 하나하나

현실에서 이루어지는 놀라운 경험을 하게 되었습니다. 8개월 후에는 여덟 번째 사진에 해당하는, 다니던 회사에서 여성 최초의 임원이 되는 행운도 얻었습니다. 결혼 3개월 전에는 놀랍게도 그 남자로부터 신혼여행은 카리브 해의 섬으로 가자는 제안을 받았습니다. 글레나가 신혼여행 장소로 오려놓은 다섯 번째의 사진이 이루어진 것이었습니다.

혹시 결혼 상대자인 짐이 이러한 사실을 사전에 알고 있었던 것은 아니었을까요? 전혀 그렇지 않다고 하네요. 짐이 이 사실을 알게 된 것은 결혼 1년 후에 글레나가 짐에게 그동안의 일을 사실대로 솔직하게 얘기하면서 알게 되었다고 합니다.

글레나는 데이트를 시작한 지 2년 만에 네 번째 사진에 해당하는 흰 웨딩드레스를 입고 턱시도를 입은 짐과 함께 결혼식을 올렸습니다. 그 후 일곱 번째 사진에 해당하는 고급 가구들로 꾸며진, 여섯 번째 사진에 해당하는 아름다운 집으로 이사해서 행복한 신혼의 단꿈을 꾸었다는 것입니다.

그러면 글레나 솔즈베리가 앨범에 붙여놓았던 사진들은 과연 어떤 사진들이었을까요? 글레나의 이야기를 적은 책들에는 하나같이 그녀가 앨범에 붙여놓았던 사진들은 보여주지 않고 대신에 글로만 묘사해놓고 있습니다. 아마 글레나가 앨범 공개를 꺼려했을지도 모르겠습니다. 하지만 우리는 별로 실감이 나지 않습니다.

그래서 이 책에서는 상상을 토대로 하여 글레나가 실제로 앨범에 붙여서 보물지도를 만든 것을 스마트폰으로 재현하고, 앞에서 이미 언급한 내용에 부합하는 8장의 사진 이미지를 찾아 사용했습니다.

또한 각각의 사진 밑에 배치할 시각화 자극 문구를 사진별로 작성했습니다. 이 문구는 사진과 함께 보았을 때 시각화 플롯이 떠오르도록 힌트를 주는 문구입니다.

1. "이렇게 잘 생긴 남자가 내게 데이트를 신청하다니!"
2. "어쩜! 이렇게 예쁠 수가!!
3. 고마워요, 정말 아름답고, 황홀해요!"
4. "이게 꿈인가요 생시인가요!!!"
5. "그대와 함께 하는 신혼여행, 정말정말 행복해요!!!"
6. "아! 행복한 우리 집!"
7. "정말 멋지지 않아요?!!"
8. "회사 최초의 여성 임원! 드디어 내가 해냈어!"

스마트폰에서 '글레나의 결혼 보물지도'를 만들 수 있는 가장 중요한 재료는 이미 준비되었습니다. 이제 제목, 부제목, 마무리 문구만 정하면 됩니다.

제목 : 글레나의 결혼 보물지도
부제목 : 나는 2016년까지 이상적인 배우자를 만나 결혼한다.
마무리 문구 : 다 이루어져서 감사합니다!
[참고] 글레나는 이미 1970년대에 이와 같은 보물지도를 통해 꿈을 실현시킨
　　　 사람입니다. 독자 여러분의 상상을 돕기 위해 연도를 새롭게 설정하였습니다.

앞에서 배운 '스마트폰에서 보물지도 만들기'의 순서에 따라 '글레나의 결혼 보물지도'를 만들면 다음과 같습니다. 당신도 글레나처럼 보물지도를 만들어 시각화하면서 똑같은 놀라운 경험을 맛보기 바랍니다.

:: 글레나의 '결혼' 보물지도 ::

나는 2016년까지 이상적인 배우자를 만나 결혼한다

이렇게 잘 생긴 남자가
내게 데이트를 신청하다니!

어쩜! 이렇게
예쁠 수가!!!

고마워요, 정말
아름답고, 황홀해요!"

이게 꿈인가요, 생시인가요!!!

그대와 함께하는 신혼여행,
정말 정말 행복해요!

아! 행복한 우리 집!

정말 멋지지 않아요?

회사 최초의
여성임원!
드디어 내가 해냈어!

다 이루어져서 감사합니다!

버킷 리스트 보물지도

처음에 꿈은 불가능한 것처럼 보이지만,
차츰 가능한 상태로, 결국은 필연처럼 보이게 된다.

– 영화 슈퍼맨의 주인공 크리스토퍼 리브 –

이번에는 당신이 죽기 전에 꼭 이루고 싶은 것들을 찾아 기록한 버킷 리스트로 보물지도 만드는 방법을 알아보겠습니다. 역시 스마트폰 앱을 이용하여 만들겠습니다. 이를 '버킷 리스트 보물지도'라고 합니다.

글자로 적은 버킷 리스트만으로도 충분히 만족한다고 생각하는 분들은 이번 장은 참고만 해도 좋습니다. 하지만, 버킷 리스트를 휴대하고 다니기가 불편하다고 생각하거나 글자만으로는 만족하지 못하는 분들은 '버킷 리스트 보물지도'를 만들면 크게 유용할 것입니다. 스마트폰에서 만들기 때문에 언제 어디서나 잠시 시간을 내어 이 보물지도의 사진들을 볼 때마다 이를 이루고자 하는 더욱 간절한 마음이 샘솟는 것을 경험하게 될 것입니다.

이제 구체적인 작성 방법을 설명하겠습니다. 우리는 '워너비 보물지도'나 '결혼 보물지도'와 같은 주제별 보물지도를 만들 때 5가지 구성 요소를 사용했습니다. 하지만 '버킷 리스트 보물지도'에서는 '부제목'을 빼고 그 외의 4가지 구성요소만 사용하면 됩니다.

다음은 첫 번째 꿈 실현 도구 '버킷 리스트' 단원에서 예로 들었던 '이종혁의 버킷리스트' 입니다. 기존 16가지 항목 중에서 이미 달성한 것들은 빼고, 나머지 12가지 항목으로 보물지도를 만들어 보겠습니다.

번호	작성일	분류	내 용	제약	보물	기한	시작일	달성일
			(··· 버킷 리스트 중 이미 달성한 항목들은 제외 ···)					
1	2013.7.1	취미	아버지한테 낚시 배우기			2013.12		
2	2012.9.20	취미	'먼지가 되어' 기타로 연주하기			2014.12	2012.10	
3	2013.7.3	여행	2014브라질월드컵 현지에 가서 응원하기			2014.7	2013.7	
4	2013.3.1	모험	동호회 통해서 하프 마라톤 도전하기	V		2015.6	2013.3.1	
5	2013.7.3	성취	100가지 브랜드의 맥주 마시기			2015.6	2013.7.3	
6	2013.6.27	성취	역사소설 100권 읽기			2015.12	2013.6.27	
7	2013.8.1	성취	목공 배워서 내 책상 직접 만들기			2020.6		
8	2013.6.1	성취	사업 종잣돈 5억 이상 마련하기	V	V	2020.12		
9	2013.6.1	풍요	저축해서 40평대 이상의 집으로 이사가기	V	V	2025.12	2013.6.1	
10	2013.8.10	풍요	캠핑카 사기	V		2030.12		
11	2013.4.1	건강	나의 건강을 위해 담배 끊기	V		평생	2013.4.1	
12	2013.4.20	가족	가족들에게 사랑한다는 말 자주 하기			평생	2013.4.30	

앞에서 이미 설명한 '스마트폰으로 보물지도 만들기'의 4단계 과정에 따라 설명하겠습니다.

첫 번째, 제목과 마무리 문구를 입력하여 배치합니다.

제목 : 이종혁의 '버킷 리스트' 보물지도
마무리 문구 : 간절히 구하면 이루어진다!

두 번째, 제시된 12가지 항목을 가장 잘 묘사하는 사진을 찾아 화면에 배치합니다. 12개의 항목이므로 한 줄에 3개씩 4줄로 배치하면 좋겠습니다. 찾으려는 사진을 묘사하면 다음과 같습니다.

1. 아버지와 함께 낚시하는 사진
2. 악보와 기타 사진
3. 브라질 월드컵 엠블렘 사진
4. 운동복을 입고 달리고 있는 사진
5. 기포가 올라와 있는 시원한 맥주 사진
6. 역사소설을 읽고 있는 남자의 사진
7. 나의 책상을 만들기 위해 DIY 목공 일을 배우는 사진
8. 1만 원짜리 현금이 가득 펼쳐져 있는 사진
9. 40평형 이상으로 보이는 널찍한 거실 사진
10. 경치 좋은 야외에 주차돼 있는 캠핑카 사진
11. 담배를 잘라 결연한 금연 의지를 보여줄 수 있는 사진
12. 가족들에게 사랑한다는 말을 하고 뽀뽀를 받는 사진

세 번째, 사진들을 배치한 후에 위의 12가지 항목들은 그대로 입력하여 해당되는 사진 밑에 배치합니다.

네 번째, 배경색을 넣거나 액자에 넣는 등 사진 꾸미기 작업을 합니다. 이러한 과정을 모두 마친 후 만들어진 보물지도는 다음과 같습니다.

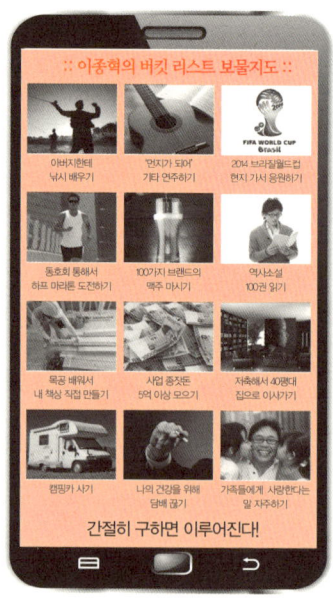

제3장

꿈 실현 도구 활용하기

– 꿈을 꿀 수 있다면 그것을 할 수 있다 –

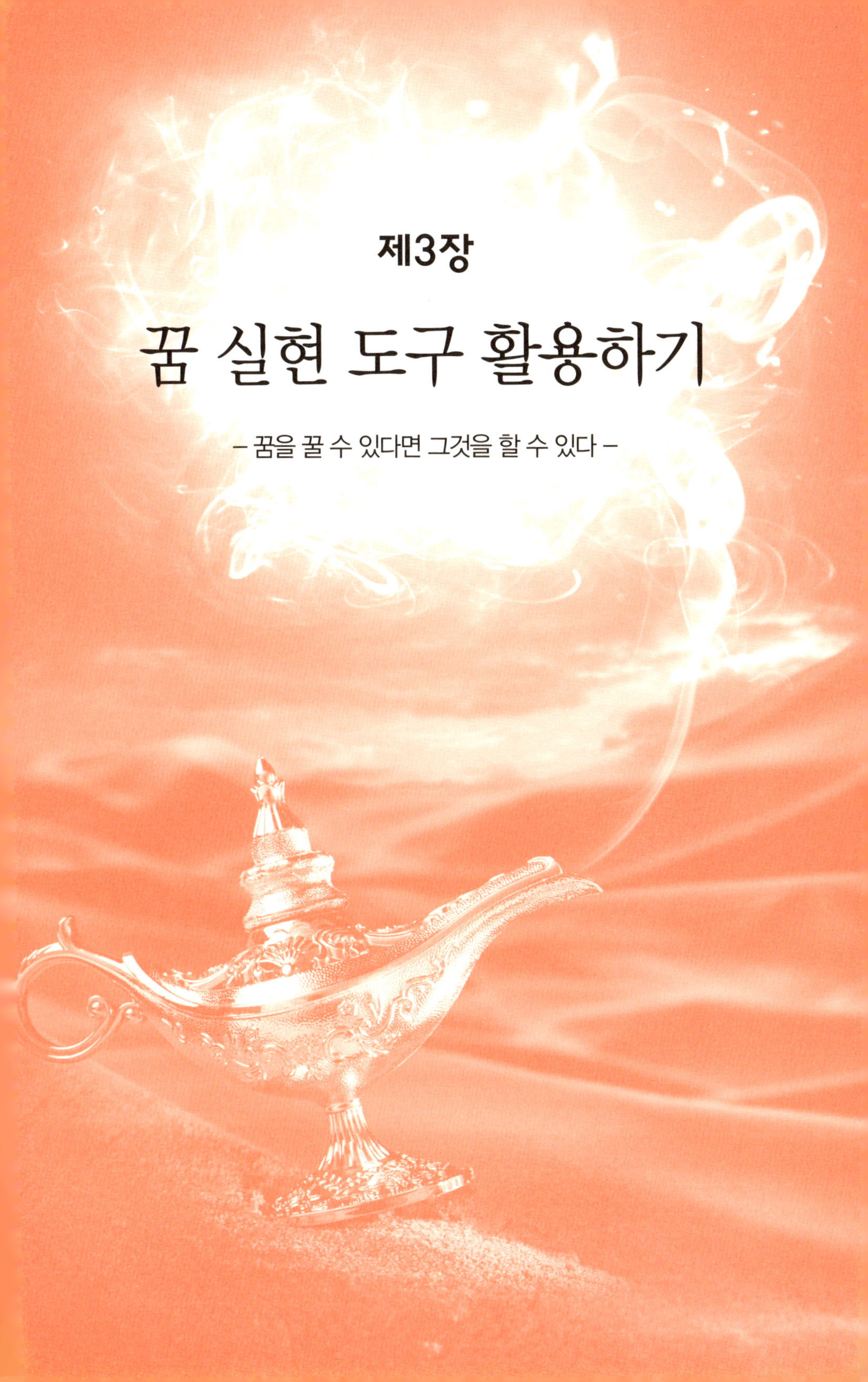

영감은 아주 강력한 감정이 수반되기 때문에
행동을 부추기는 힘이 있습니다.
영감에 따른 행동을 할 때는 힘이 들지 않습니다.
마치 물살을 따라 배를 타고 내려가는 듯한
자연스러운 느낌이 들 것입니다.

시간가는 줄도 모르고 기쁜 마음으로
열정을 가지고 그 일을 하게 될 것입니다.
이 모든 것이 당신의 노력으로 이루어지는 것처럼
느껴지지 않을 것입니다.
알 수 없는 축복의 힘의 도움을 받아 모든 것이 자연스럽게
이루어지는 것과 같은 느낌이 더 강하게 들 것입니다.

꿈 실현 도구별 산출물과 활용법

비전을 가진 사람들은 궁금한 나머지 추리소설의
마지막 장을 엿본 사람처럼 결과에 대한 확신을 가지고 행동한다.
때문에 뭔가 좋지 않은 상황이 닥친다 해도 당황하거나 괴로워하지 않는다.

— 알 세쿤다 —

지금까지 우리는 4가지 꿈 실현 도구, 즉, 버킷 리스트, 자성예언, 시각화, 보물지도에 대해 모두 배웠습니다. 너무 많은 내용이기 때문에 전체적으로 한 번에 이해하기가 쉽지 않았을 것입니다. 그래서 이번에는 4가지 도구간의 논리적 연결 관계를 종합적으로 설명함으로써 전반적인 이해를 돕겠습니다.

4가지 각 도구별 산출물

4가지 꿈 실현 도구를 잘 습득했다면, 당신은 각 도구별로 다음과 같은 산출물을 작성할 수 있게 될 것입니다.

1. 버킷 리스트 → 버킷 리스트

2. 자성예언 → 자성예언문

3. 시각화 → 시각화 플롯, 시각화 대본, 기도문

4. 보물지도 → 스마트폰 보물지도

4가지 각 도구간의 논리적 연관 관계

4가지 도구는 독립적으로 그 기능을 발휘할 수 있습니다. 그리고 각 도구별로 만들어진 산출물 또한 독립적으로 활용할 수 있습니다. 하지만 4가지 도구의 산출물을 모두 함께 활용한다면 당신이 이루고 싶은 꿈 실현의 최대 효과를 올릴 수 있을 것입니다.

표 4 4가지 꿈 실현 도구간의 논리적 연관 관계

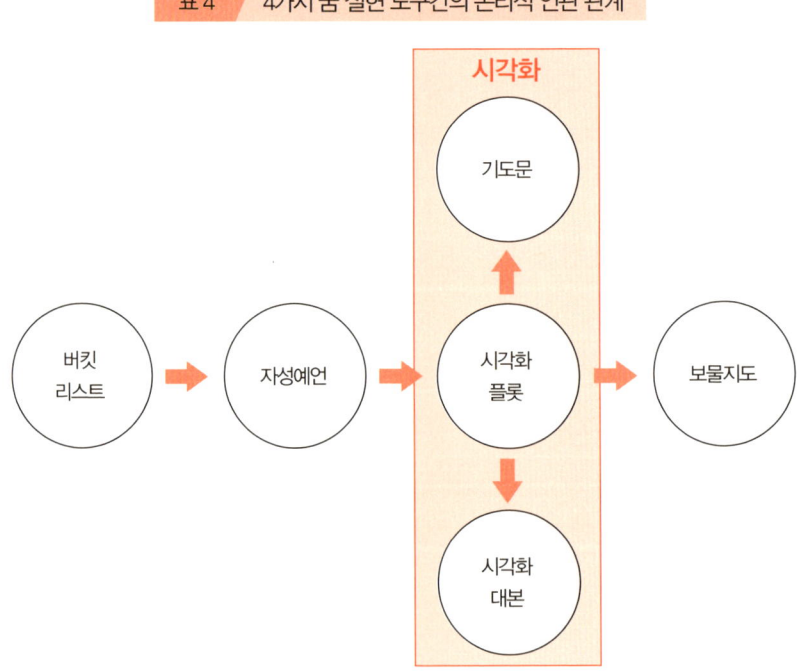

4가지 도구를 함께 활용할 경우 여러 도구의 논리적 연관 관계를 이해한 후 작성하는 것이 도움이 될 것입니다. 〈표4〉를 참고하여 설명하면 다음과 같습니다.

자성예언은 버킷 리스트의 항목 등을 참고하여 작성합니다. 시각화 플롯은 자성예언을 참고하여 작성합니다. 기도문, 시각화 대본, 보물지도는 시각화 플롯을 토대로 하여 작성합니다.

4가지 도구의 활용 방법

4가지 도구를 꿈 하나하나에 모두 사용할 필요는 없습니다. 당신의 여건에 맞춰 가장 바람직한 방법으로 활용하면 됩니다. 아마 다음의 3가지 경우 중에서 한 가지를 선택하여 활용하면 되겠습니다.

1. 버킷 리스트만 이용하는 경우

어떤 분은 버킷 리스트를 작성하는 것만으로도 충분하다고 생각할 수 있습니다. 이런 경우에는 버킷 리스트를 우선 작성하고, 이후에 버킷 리스트 보물지도를 추가로 만들 수도 있습니다. 버킷 리스트 보물지도는 항상 휴대하고 다니는 스마트폰에서 만들기 때문에 언제 어디서나 수시로 볼 수 있다는 장점이 있습니다. 또한 사진 등의 이미지가 포함되어 있어 글자만 적혀 있는 버킷 리스트보다 꿈 실현의 감정을 불러일으키는 효과가 훨씬 더 큽니다.

버킷 리스트는 가능하면 모든 분이 작성하는 것이 바람직합니다. 당신이 이루고 싶은 꿈 목록을 한번 작성해두는 것은 아주 가치 있는 일입니다. 버킷 리스트의 작성은 분명히 당신에게 더 많은 꿈을 이룰 수 있는 기회를 제공할 것입니다.

2. 버킷 리스트를 제외하고 이용하는 경우

어떤 분은 현재 당면하고 있는 꿈을 이루기 위해 꿈 실현 도구를 활용하고 싶은 분이 있을 것입니다. 이 책의 부록에서 주제별 예로 제시하고 있는 워너비, 공부, 취업, 다이어트, 결혼, 세일즈, 부, 치유 등이 이에 해당될 것입니다. 이런 경우 자성예언, 시각화, 보물지도와 같은 3가지 도구를 모두 사용할 필요가 있습니다.

자성예언은 당신의 꿈이 이루어지는 데 필요한 믿음을 표현하는 짤막한 문장들로 구성되어 있습니다. 자주 볼 수 있는 곳에 붙여놓고 수시로 보면서 당신의 믿음을 드러내보일 필요가 있습니다. 자주 하다 보면 외우게 되어 언제든지 자성예언을 할 수 있는 장점이 있습니다. 입버릇처럼 하는 말에는 가능하게 하는 힘이 있다는 것을 잊지 마십시오.

시각화는 머릿속에서 마치 당신의 꿈이 현실에서 이루어지고 있는 것처럼 생생하게 느끼도록 상상하는 것입니다. 상상하기에 좋은 조용한 환경과 충분한 시간이 필요하기 때문에 자주 할 수는 없습니다. 아마 아침에 일어난 후, 저녁에 잠들기 전이 시각화 작업을 하기에 가장 좋은 시간일 것입니다.

시각화 능력은 사람마다 다릅니다. 어떤 분들은 원하는 이미지를 즉시 생생하게 그릴 수 있습니다. 뿐만 아니라 그 이미지를 가지고 원하는 상황을 만들어가는 능력이 있습니다. 이런 분들은 단지 시각화하는 기본 방법에 따라 시각화 작업을 하면 됩니다.

하지만 어떤 분들은 원하는 이미지를 그리려 해도 도무지 머릿속에 이미지가 떠오르기는커녕 먹지 상태인 분들도 있습니다. 이렇게 상상하는 능력이 현저히 떨어지는 분들은 '시각화 플롯', '기도문', '시각화 대본' 등과 같은 시각화 보조 도구들을 사용할 필요가 있습니다. 이 보조 도구들은 시각화 능력을 높여주고, 시각화 효과를 극대화시켜 줍니다.

보물지도는 사진 등의 이미지를 활용하기 때문에 당신이 이루고 싶은 꿈에 대해 간절한 욕망을 불러일으키는 효과가 있습니다. 스마트폰에서 보물지도를 만들기 때문에 언제 어디서든 자주 보면서 꿈을 이루고 싶은 간절한 욕망을 키워나갈 수 있습니다.

또한 보물지도는 시각화의 주요 도구입니다. 시각화 능력이 떨어지는 분에게는 이미지를 보다 생생하게 그리도록 도울 뿐만 아니라, 당신이 직접 경험해보지 않아 그릴 수 없는 이미지도 그릴 수 있도록 도울 수 있습니다. 게다가 시각화 플롯에 따라 구성되어 있기 때문에 시각화 플롯이 없이도 보물지도만 보고 시각화를 할 수 있는 장점도 있습니다.

3. 4가지 도구를 모두 사용하는 경우

이 책에서 제시한 방법에 따라 사용하면 됩니다. 주의할 것은 버킷 리스트의 꿈 목록에는 다른 도구들을 사용하지 않아도 이룰 수 있는 꿈역시 있을 것입니다. 이 경우는 버킷 리스트 작성만으로도 충분합니다.

하지만 '제약'란이나 '보물'란에 체크(∨) 표시를 한 꿈들은 반드시 다른 3가지 도구들을 사용할 필요가 있습니다. 이 꿈들은 당신의 현재 능력으로 이룰 수 없다고 생각하는 '제한된 믿음'이 있는 꿈들입니다. 또는 어떻게 이루어야 할지 모르는, 처음 경험하는 거대한 꿈들일 수도 있습니다. 이런 경우에는 자성예언, 시각화, 보물지도를 사용할 때 더 빠른 효과를 볼 수 있습니다. 이 도구들을 사용하는 방법은 2번에서 이미 설명했습니다.

4가지 도구의 산출물 예

앞에서 이미 설명한 '4가지 도구간의 논리적 연관 관계'에 따라 만들어진 산출물의 예를 들어보겠습니다. 버킷 리스트에 'W회사에 취업하기'라는 꿈을 가지고 구체적인 과정을 보여드리겠습니다.

버킷 리스트
1. 꿈 : 'W회사에 취업하기'
2. 기한 : 2014년
3. 제한 : V
4. 보물 : V

버킷 리스트 → 자성예언
1. 버킷 리스트
W회사에 취업하기
→ "나는 2014년에 W회사에 취업한다."

2. 제한된 믿음

"나는 면접이 자신 없는데. 질문 받으면 머릿속이 백지가 돼서 아무 말도 못할 거야."

→ "나는 면접 질문에 마음의 여유를 갖고 당당히 대답한다."

3. 추가 자성예언

→ "나는 W회사에서 꼭 필요한 인재다."

→ "나는 면접관을 사로잡는 매력이 있다."

자성예언 → 시각화 플롯

1. "나는 W회사에서 꼭 필요한 인재다."

→ 회사에서 꼭 필요한 인재상에 맞게 자신을 준비하고 있는 장면

2. "나는 면접 질문에 마음의 여유를 갖고 당당히 대답한다."

→ 편안하고 침착한 태도로 자신의 의견을 당당하게 말하면서
   면접하고 있는 장면

3. "나는 면접관을 사로잡는 매력이 있다."

→ 회사에서 꼭 필요한 인재임을 강조할 때 면접관이 만족스러운
   웃음을 짓고 있는 장면

4. "나는 2014년에 W회사에 취업한다."

→ 설레는 마음으로 회사에 첫 출근하는 장면

→ 지망한 직장으로부터 합격 통보를 받고 환호를 지르는 장면

→ 가족과 친구들이 합격을 축하해주면서 함께 기뻐해주는 장면

시각화 플롯 최종 결과

1. 성취 결과

   설레는 마음으로 회사에 첫 출근하는 장면

2. 성취 과정

① 회사에서 꼭 필요한 인재상에 맞게 자신을 준비하고 있는 장면

② 편안하고 침착한 태도로 자신의 의견을 당당하게 말하면서 면접하고 있는 장면

③ 회사에서 꼭 필요한 인재임을 강조할 때 면접관들이 만족스러운 웃음을 짓고 있는 장면

④ 지망한 직장으로부터 합격 통보를 받고 환호를 지르는 장면

3. 성취 후의 삶

가족과 친구들이 합격을 축하해주면서 함께 기뻐해주는 장면

시각화 플롯 → 기도문

"하나님, 제발 제가 W회사에 취업하게 해주세요. 그러기 위해 먼저 제가 그 회사에 꼭 필요한 인재로 준비될 수 있게 해주세요. 회사 면접에 임할 때는 침착한 태도로 제 의견을 당당하게 대답할 수 있게 해주시고, 제 대답이 면접관들의 마음을 사로잡아 흡족한 웃음으로 표현될 수 있게 해주세요. 결국 합격 통보를 받게 해주셔서 기쁨으로 환호를 지르게 해주세요. 또 가족과 친구들에게 제가 입사하게 된 것을 진심으로 축하 받게 해주세요. 이 모든 것이 이루어질 줄 믿으며, 이에 감사드립니다."

시각화 플롯 → 시각화 대본

"내가 그리도 원하던 W회사에 첫 출근 하는 날이다. 가슴이 설레고 있다. 입사 축하 선물로 받은 고급 정장을 입고 거울을 들여다보고 있

다. 내 모습을 보고 나도 놀라고 있다. 내가 이렇게 멋지다니! "우리 아들, 오늘 회사 가서 일 잘하고 오렴!" 부모님의 격려를 받으면서 집을 나서고 있다. 발걸음도 가볍고 경쾌하다.

과거로 거슬러 올라가서, 나는 W회사에 입사하기 위해 그 회사에서 어떤 인재를 뽑는지에 대해 알아보고 있다. 그리고 그 인재상에 맞게 나 자신을 준비하고 있다.

W회사 입사 면접일이다. 면접 장소에 들어선 나는 유달리 마음이 편안하고 침착하다. 면접관들이 까다로운 질문을 하는데도 나는 내 의견을 조금도 흔들림이 없이 당당하게 대답하고 있다.

내가 W회사에 없어서는 안 될 꼭 필요한 인재로 어떻게 준비해 왔는지를 핵심만 간추려 강조하자 면접관들이 내 대답에 만족했는지 흡족한 웃음을 감추지 못하고 있다.

그 후 W회사에서 합격을 축하한다는 편지를 보내왔다. 나는 그 편지를 개봉하고 합격을 확인한 후 기쁨에 겨워 환호를 지르고 있다.

합격 소식을 들은 가족과 친구들이 모두 자기 일인 것처럼 축하해주면서 함께 기뻐해주고 있다."

시각화 플롯 → 보물지도 사진과 시각화 자극 문구

1. 성취 결과

    설레는 마음으로 회사에 첫 출근하는 장면

  → 입사를 원하는 회사 사진

  → "와! 드디어 원하던 회사에 출근하게 되다니!"

2. 성취 과정

① 회사에서 꼭 필요한 인재상에 맞게 자신을 준비하고 있는 장면

→ 인재상 표시 사진

→ "난 회사에서 꼭 필요한 '준비된 인재'야!"

② 편안하고 침착한 태도로 자신의 의견을 당당하게 말하면서 면접하고 있는 장면

→ 당당하게 면접하는 장면의 사진

→ "무엇이든 물어보라고! 난 이미 준비됐어!!!"

③ 회사에서 꼭 필요한 인재임을 강조할 때

    면접관들이 만족스러운 웃음을 짓고 있는 장면

→ 웃는 면접관들의 사진

→ "어, 면접관들이 내 대답에 만족했나? 다들 흐뭇하게 웃고 있네!"

④ 지망한 직장으로부터 합격 통보를 받고 환호를 지르는 장면

→ 환호를 지르는 사진

→ "야호! 합격이다!!!"

3. 성취 후의 삶

가족과 친구들이 합격을 축하해주면서 함께 기뻐해주는 장면

→ 축하 건배 사진

→ "와우! 친구들의 축하, 고마워!"

보물지도 최종 결과

:: '취업' 보물지도 ::

나는 2014년까지 W회사에 취업한다

W사의
인재상
역발상&저돌적인 추진력

왜! 드디어 원하던 회사에
출근하게 되다니!

난 회사에 꼭 필요한
'준비된 인재야!

무엇이든 물어보라고!
난 이미 준비됐어!!!

어, 면접관들이
내 대답에 만족했나?
다들 흐뭇하게 웃고 있네.

야호! 합격이다!!!

와우! 친구들의 축하
고마웨!

다 이루어주셔서 감사합니다!!!

꿈 실현 도구의 빠른 습득 비법
TED

우리는 읽은 것 중에서 10%만을 배웁니다.
우리는 배운 것을 서로 이야기하며 나눌 때 70%를 배웁니다.
우리가 배운 것을 몸소 경험한다면 80%를 배울 수 있습니다.
만약 우리가 배운 것을 다른 사람에게 직접 가르친다면 95%를 배우게 됩니다.

– 윌리엄 글래서 –

지금까지 당신은 이 책을 통해 4가지 꿈 실현 도구를 이용하는 방법을 배웠습니다. 이제는 당신이 할 일만 남았습니다. 하지만 막상 무엇이든지 처음 배워서 써먹으려고 할 때는 생각대로 잘 되지 않습니다.

이런 경우 사용할 수 있는 비법들이 있습니다. 그것은 가르치기(Teaching), 격려하기(Encouraging), 선언하기(Declaring)입니다. 이 비법들은 각자의 상황에 맞춰 사용하면 됩니다.

가르치기는 당신이 이 책의 전체적인 개념을 완전히 이해하고 있는지 확인하고자 할 때 사용할 수 있는 비법입니다. 격려하기는 칭찬과 격려를 통해 중도에 포기하지 않고 끝까지 꿈 실현을 추구하도록 돕기 위해 사용하는 비법입니다. 선언하기는 다른 사람들에게 당신의 꿈을 선언함으로써 반드시 꿈을 이루겠다는 다짐을 새롭게 하기 위해 사용하는 비법입니다.

1. 가르치기 (Teaching)

이 책이 지닌 진정한 가치는 단지 잘 읽는 데 있는 것이 아니라, 당신이 이 책에서 배운 개념들을 실제로 당신에게 적용하는 데 있습니다. 그러기 위해서 당신이 과연 이 책에서 배운 개념들을 제대로 이해했는지 확인해볼 필요가 있습니다. 어떤 방법으로 확인할 수 있을까요?

다른 사람에게 가르쳐보면 됩니다. 즉, 배우기 위해 가르쳐보라는 것입니다. 《성공하는 사람들의 7가지 습관》의 저자인 스티븐 코비 박사는 다음과 같이 말한 바 있습니다.

> "사람은 무언가를 가르칠 때 더 깊이 알게 된다.
> 어떤 개념에 대해 한층 더 진지하게 접근하게 되고,
> 실행에 옮길 확률도 현저하게 높아진다."

이 말은 틀림없이 당신에게도 해당되는 말입니다. 가르치면 배울 수 있습니다! 하지만 가르치는 것을 아주 어렵게 느끼는 분들도 있습니다. 이런 분들은 '가르친다'는 것을 '함께 배운다'거나 '다른 사람에게 들려준다'는 말로 바꿔 이해한다면 그리 어려움을 느끼지 않을 것입니다.

가르치는 여러 방법 중 책 내용을 읽은 후에 그 내용을 다른 사람과 대화를 나누는 방법은 누구라도 쉽게 접근할 수 있습니다. 그 대상은

배우자도 괜찮고, 친구나 직장 동료들도 괜찮습니다. 직접 대면해서 대화하는 것이 불편한 경우는 전화 통화를 하는 것도 좋습니다. 예를 들어, 친한 친구에게 전화를 걸어서 다음과 같은 말을 하는 것입니다.

"내가 최근에 아주 흥미 있는 책을 사서 읽었거든. 이 책의 내용을 제대로 이해하고 있는지 알고 싶어서 그러는데. 내가 하는 이야기 한번 들어주지 않을래?"

몇 명씩 그룹을 조직하여 당신이 직접 워크숍을 운영해보는 식으로 가르치는 방법도 있습니다. 이것은 다른 어떤 방법보다 강력한 학습 효과를 발휘할 것입니다. 집에서도 가족을 대상으로 워크숍을 진행할 수 있습니다. 물론 학교, 직장, 교회, 각종 단체에서 동아리를 조직하여 워크숍을 진행해볼 수도 있습니다. 만약에 좀 더 잘 준비된 상태에서 워크숍을 진행하고 싶은 경우, 저자가 직접 진행하는 전문 워크숍에 직접 참여해서 배운 후에 시도해보는 것도 좋습니다.

2. 격려하기 (Encouraging)

당신이 몇 명의 그룹을 조직하여 워크숍을 운영했다면, 워크숍에 참여한 모든 분들은 서로 꿈을 공유할 수 있는 분들입니다. 서로가 가진 꿈을 실현시킬 때까지 서로 정규적으로 확인해주고, 칭찬과 격려를 아끼지 않는다면 어떤 어려움이 있다 하더라도 중도에 포기하지 않고 결국은 자신이 원하는 꿈을 이루게 될 것입니다.

당신은 알고 있습니까? 꿈을 실현하고 큰 성공을 이룬 사람들 중에는 꿈을 함께 공유했던 파트너가 있었다는 사실을. 우리가 잘 알고 있는 회사인 애플의 공동 창업자는 스티브 잡스(Steve Jobs)와 스티브 워즈니악(Steve Wozniak)입니다. 스티브 워즈니악은 세계 최고의 PC를 만들겠다는 스티브 잡스의 꿈을 이루게 해준 장본인입니다.

한 번 상상해 보십시오. 스티브 잡스가 열정을 가지고 친구인 스티브 워즈니악에게 자신의 꿈을 설명하며 설득하는 모습을. 또한 스티브 잡스의 말을 고개를 끄덕이며 진지하게 들어주며 동조해주고 있는 스티브 워즈니악의 모습을. 이렇게 스티브 잡스의 꿈과 스티브 워즈니악의 기술력이 하나가 되어 현재 우리가 쓰고 있는 디스플레이와 키보드가 있는 최초의 PC가 만들어진 것입니다.

자신의 꿈을 믿어주면서 고개를 끄덕이며 진지하게 나의 이야기를 들어줄 '드림 파트너'가 필요합니다. 당신에게 드림 파트너가 있다면 꿈이 이미 반쯤 달성된 기분에 빠질지도 모릅니다. 꿈을 이룰 수 있다는 긍정적인 생각과 함께 꿈 실현의 3가지 감정까지 불러일으키는 완벽한 상승효과가 일어날 것입니다.

'드림 파트너'는 워크숍에 참여한 분들끼리 둘씩 짝을 짓습니다. '드림 파트너'는 서로 마음을 터놓고 애기할 수 있는 마음 편한 상대여야 합니다. 그래야 마음 놓고 서로의 꿈을 공유할 수 있을 테니까요.

먼저 서로의 꿈을 충분히 공유하는 시간이 필요합니다. 그 후 정규적으로 직접 만나거나, 전화하거나, 이메일 등의 방법을 통해 칭찬하고 격려해줄 수 있는 시간을 갖습니다. 4가지 꿈 실현 도구인 버킷 리스트, 자성예언, 시각화, 보물지도 등을 어떤 식으로 활용하고 있는지 서로의 경험을 나눌 수 있습니다.

책에서 이미 설명한 대로 파트너의 자성예언을 보면서 서로 믿음을 북돋워주는 자성예언 연습을 할 수도 있습니다. 꿈 실현 과정에서 겪은 특별한 경험을 나눌 수도 있습니다. 혹시 어떤 어려움이 있는 경우에는 포기하지 않도록 서로가 힘을 북돋아주는 격려자가 되는 것이 아주 중요합니다.

3. 선언하기(Declaring)

뜻이 있다면 '꿈만장자 모임'을 조직하십시오. 이미 워크숍을 끝마친 그룹으로 그 인원이 많다면 그 자체로 모임을 조직할 수 있습니다. 만약 인원이 많지 않다면, 마음에 맞는 다른 그룹을 찾아 함께 모임을 조직해도 좋습니다. 한 연구에 의하면, 목표가 유사한 사람들끼리 참석하는 모임에서 서로가 세운 목표를 발표하게 하고, 그 결과를 정규적으로 확인하면 그것을 실행할 확률이 40%에서 무려 95%로 높아진다는 결과가 있었습니다.

꿈만장자 모임은 한 달에 한 번씩 모임을 갖습니다. 그 사이에는 '드림 파트너'끼리 서로 연락하면서 칭찬하고 격려하는 시간을 갖습니다. 간단한 다과는 필수입니다. 다과를 나누면서 편하게 모임을 진행할 수도 있고, 모임을 마친 후에 다과를 나눌 수도 있습니다.

모임 때에는 참석한 모든 사람들이 한 사람씩 돌아가면서 3~5분 동안 선언하는 시간을 갖습니다. 선언은 앞으로 한 달 동안 꿈 실현을 위해 자신이 반드시 실천하거나 이루고 싶은 것을 다짐하는 내용입니다. 다음달 모임에서는 지난달에 다짐한 선언 중 실천하거나 성취한 내용을 발표합니다. 그 후, 다음 한 달 동안 반드시 실천하거나 이루고 싶은 것을 선언합니다.

선언한 것을 달성한 사람들에게 함께 자리한 사람들이 모두 축하하는 환호를 질러주는 것도 좋습니다. 달성한 사람들에게 상장을 수여하는 것도 좋은 방법이 될 것입니다. 달성한 사람에게 자신이 어떻게 성취할 수 있었는지 자신의 경험을 나누는 시간을 갖는 것도 괜찮을 것입니다. 아마 다른 더 나은 많은 방법들이 있을 것입니다. 창의성을 발휘하십시오.

특히 '꿈만장자 모임'은 꾸물거리면서 일을 뒤로 미루는 습관이 있는 사람들에게 꿈 실현에 아주 강력한 동기부여가 될 것입니다. 책임감이 있는 사람들은 그 모임에 참석한 사람들을 실망시키지 않기 위해서 자신이 선언한 내용을 열심히 실천할 것입니다. 또한 자존심이 강한 사람들도 체면을 구기고 싶지 않아 자신이 선언한 내용을 반드시 실천하게 될 것입니다.

영감을 자극하는 3가지 질문
3 Questions for Inspiration

그대는 부탁할 용기를 가진 것을 삶에서 얻는다.

− 오프라 윈프리 −

이제 당신이 4가지 꿈 실현 도구를 이용하여 간절히 원하는 꿈들을 버킷 리스트에 작성했다고 하죠. 이러한 꿈들 중에서 올해 이루고 싶은 꿈의 우선순위를 정했습니다. 제일 우선순위에 있는 꿈에 대해 자성예언과 시각화 플롯 및 보물지도도 작성했습니다.

자성예언은 스마트폰 커버에 붙여놓고 기회가 될 때마다 자신에게 입버릇처럼 예언하고 있습니다. 아침저녁으로 스마트폰에서 만든 보물지도를 보면서 시각화 작업을 합니다. 그 결과 당신의 마음속에 꿈 실현의 3가지 원동력이 되는 3가지 감정인 간절한 느낌, 확실한 느낌, 생생한 느낌이 느껴지고 있습니다.

그러면 이제 다 된 것입니까? 하지만 이것으로 충분한 것일까요? 시간이 지나가기만 기다리면 꿈은 실현되는 것일까요?

'끌어당기는 힘'과 '다가가게 하는 힘'

당신이 이해해야 할 것이 더 있습니다. 3가지 감정은 '끌어당김의 법칙'이 작용해서 당신이 원하는 것을 당신에게 다가오도록 하는 자석과 같은 '끌어당기는 힘'이 있습니다. 뿐만 아니라 그 3가지 감정은 당신에게 끌어당겨서 다가올 수 없는 곳으로 '다가가게 하는 힘'인 영감의 근원이 됩니다.

영감은 무언가 행하도록 우주에서 보내는 아이디어를 수반하는 감정입니다. 이러한 영감은 끌어당김의 법칙으로는 해결되지 않는 것을 얻기 위해 당신이 원하는 쪽으로 행동을 부추겨 '다가가게 하는 힘'입니다. 3가지 감정을 충분히 불러일으킬 수 있게 되면 당신은 이러한 영감이 자주 떠오르는 것을 경험하게 될 것입니다.

당신이 꿈을 이루기 위해서는 3가지 감정으로 발생하는 이 2가지 힘이 다 필요합니다. 3가지 감정이 충분히 강력하다면 '끌어당김의 법칙'의 힘으로 끌어당길 수 있는 것은 모두 다 끌어당길 것입니다. 그렇게 해서 움직일 수 없는 것은 영감의 힘으로 당신이 그곳으로 다가가게 부추길 것입니다.

당신은 '끌어당김의 법칙'이 작용되고 있다는 것을 스스로 알 수 있습니다. 당신이 결코 의도하지 않았던 우연의 일치와 같은 일들이 벌어질 것입니다. 전혀 생각지 않던 행운이 당신에게 일어날 것입니다.

당신은 영감을 받았다는 것도 스스로 알 수 있습니다. 왜냐하면 영감이 주어질 때 평상시 경험할 수 없는 느낌으로 갑자기 섬광처럼 번뜩이면서 떠오르기 때문입니다. 또한 그때 떠오르는 아이디어가 당신이 찾던 바로 그것이라는 것을 즉시 알 수 있기 때문입니다.

꿈 실현에 더 필수적인 힘 - 영감

대부분의 경우 현실 세계에서 꿈을 실현시키고자 할 때 당신은 끌어당김 법칙의 힘보다는 영감의 힘을 더 많이 경험하게 될 것입니다. 결코 끌어당김 법칙의 힘만으로 당신의 꿈이 이루어지는 일은 그리 많지 않다는 것을 기억하십시오. 따라서 영감의 힘을 최대한 효과적으로 활용하는 방법을 익힐 필요가 있습니다.

영감은 아주 강력한 감정이 수반되기 때문에 행동을 부추기는 힘이 있습니다. 영감에 따른 행동을 할 때는 힘이 들지 않습니다. 마치 물살을 따라 배를 타고 내려가는 듯한 자연스러운 느낌이 들 것입니다.

시간가는 줄도 모르고 기쁜 마음으로 열정을 가지고 그 일을 하게 될 것입니다. 이 모든 것이 당신의 노력으로 이루어지는 것처럼 느껴지지 않을 것입니다. 알 수 없는 축복의 힘, 그것의 도움을 받아 모든 것이 자연스럽게 이루어지는 것과 같은 느낌이 더 강하게 들 것입니다.

신기한 것은 영감은 즉시 기록해놓지 않으면 몇 분 안 되어 당신의 기억 속에서 사라져버린다는 것입니다. 영감이 떠오르면 즉시 기록하십시오. 그리고 영감에 따라 행동하십시오.

영감은 아침에 잠에서 일어나기 전에 주어지는 경우가 많습니다. 목욕을 하고 있을 때나, 산책을 하는 경우와 같이 마음의 여유를 갖고 있

을 때 주어지기도 합니다. 또는 늘 생활해오던 환경에서 벗어나 다른
일을 하고 있을 때 주어질 수도 있습니다.

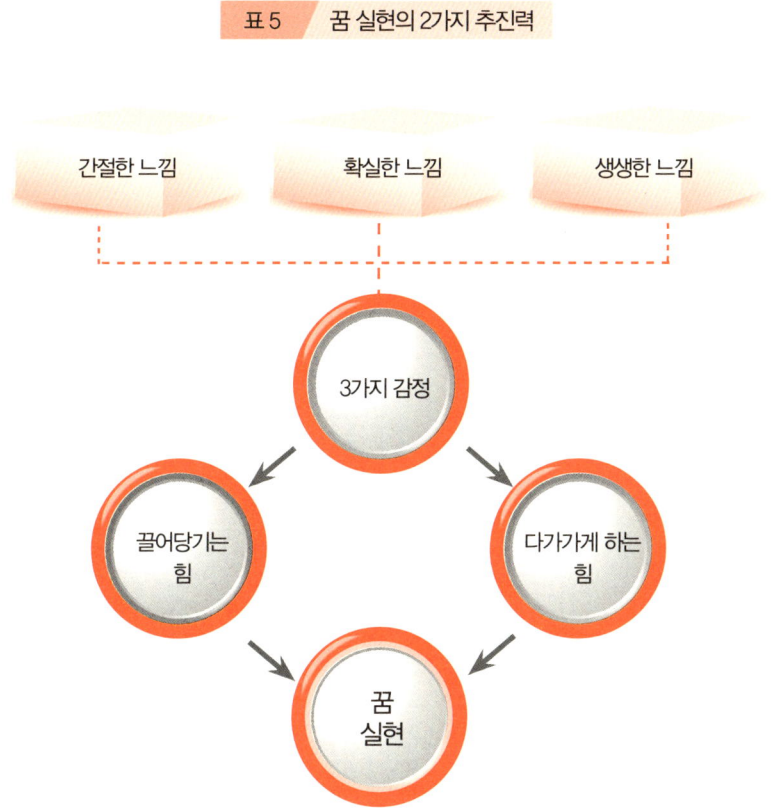

표 5　　꿈 실현의 2가지 추진력

영감을 자극하는 3가지 질문

영감의 힘을 최대한 효과적으로 사용해야 하는데, 사람마다 상황이
다르기 때문에 어떤 경우에는 영감을 제대로 받지 못하는 경우도 있습

니다. 아직 꿈 실현 도구를 이용하는 것이 미숙하여 3가지 감정을 제대로 느끼지 못하는 경우도 있을 것입니다. 또는 마음이 침체되어 부정적인 생각으로 인해 영감의 통로가 막혀 있는 경우도 있을 것입니다.

이런 경우 영감을 자극하는 다음 3가지 질문을 알아두면 도움이 될 것입니다. 더 자주 영감을 받기 위해서 사용해도 좋습니다. 가능하면 매일 자신에게 이 3가지 질문을 한다면 좋을 것입니다.

1. "누구에게 도움을 구하면 좋을까?"

먼저 이야기를 하나 하겠습니다. 오래전에 시카고의 억만장자인 마샬 필드의 어머니가 시카고 대학에만 백만 달러를 기부했습니다. 이 소식이 신문을 통해 경쟁 대학인 노스웨스턴 대학에도 알려지게 되었습니다.

긴급회의가 소집되었습니다. 회의 주제는 '왜 마샬 필드의 어머니가 시카고 대학에만 백만 달러를 기부하였는가?'였습니다. 회의를 진행하였지만, 그 이유를 아는 사람은 아무도 없었습니다.

그래서 그 이유를 알기 위해 기부를 한 마샬 필드의 어머니에게 직접 연락하여 알아보기로 했습니다. 연락하여 알아본 결과 그 답은 아주 간단하면서도 충격적이었습니다. 그녀는 이렇게 대답했습니다.

"시카고 대학에서 기부를 해달라고 부탁해서 기부한 것뿐인데요."

단지 기부를 해달라고 부탁한 말 한 마디로 시카고 대학은 백만 달러라는 엄청난 금액을 기부 받았다는 것입니다. 아주 간단한 방법 아닙니까? 도움을 받을 수 있다고 생각하는 분에게 도움을 구하십시오.

당신이 해야 할 간단한 질문은 '누구에게 도움을 구하면 좋을까?'입니다. 꿈을 이루어가는 과정에서 당신이 누군가의 도움을 받으면 훨씬 더 쉽게, 훨씬 더 빨리 그 꿈을 이루게 될 것입니다. 그러니 도움을 받을 수 있는 분이 떠오르거든 용기를 내어 그에게 다가가 부탁하십시오.

2. "어떻게 해결하면 좋을까?"

다른 이야기 하나를 더 하겠습니다. 어떤 소년이 17세가 되자 고급 포르셰 승용차를 갖고 싶다는 꿈을 꾸었습니다. 그리고 2년 만에 그 꿈을 이루었습니다. 그것도 돈 한 푼 안들이고 얻었다고 합니다. 어떻게 이런 일이 가능했을까요?

뭐, 부모님이 사준 것 아니냐고요? 그럴 수도 있었겠죠. 하지만 부모님이 사줄 재정적인 능력이 없었다고 하는군요.

혹시 차를 훔친 것은 아니냐고요? 그럴 수도 있었겠죠. 하지만 차는 얻을 수 있었겠지만 결국 교도소에 가지 않았을까요?

어쩌면 《시크릿》이라는 책을 읽고 마음속으로 고급 승용차가 생길 것이라는 간절한 꿈을 생생히 상상하면서 '끌어당김의 법칙'의 힘을 이용하여 차를 얻은 것은 아니냐고요? 그럴 수도 있었겠죠. 하지만 처음부터 그런 행운이 일어나지는 않았습니다.

그럼에도 '끌어당김의 법칙'의 힘이 작용했던 것은 분명합니다. 먼저 고급 포르셰 승용차를 끌어당기지는 않았지만, 중고 휴대전화를 끌어당기는 행운이 일어났습니다. 우연히 친구로부터 중고 휴대전화를 선물로 받게 된 것이었습니다.

소년은 고급 승용차를 얻고 싶은 꿈을 꾸면서 '어떻게 하면 고급 승용차를 가질 수 있을까?'라는 질문을 하기 시작했습니다. 중고 휴대전화는 이 질문에 대한 영감을 받는 실마리가 되었습니다. 그러던 중 우연히 벼룩시장을 보고서 영감을 얻게 되었습니다.

"중고 휴대전화로 물물교환을 하라."

이번에는 소년이 영감으로 얻은 아이디어로 '다가가게 하는 힘'을 발휘했습니다. 소년은 벼룩시장에 중고 휴대전화와 물물교환을 하고 싶은 사람을 찾는다는 광고를 올렸던 것입니다. 이렇게 해서 물물교환이 시작되었습니다. 다시 '끌어당기는 힘'이 작용했습니다. 그 과정은 다음과 같았습니다.

중고 휴대전화 → 더 좋은 휴대전화 → 고급 mp3 아이팟 → 산악용 오토바이 → 애플의 맥 노트북 → 도요타 자동차 → 전동 골프차 → 산악용 오토바이 → 일반 오토바이 → 1975년형 포드 브론코 → 은색 포르셰

이러한 물물교환의 과정을 거치는데 2년이란 시간이 필요했습니다. 소년은 이 기간 동안 계속 자신이 원하는 고급 포르셰 승용차를 몰고

운전하는 장면을 생생히 상상하는 것을 잊지 않았을 것입니다. 결국 벼룩시장이라는 매개체를 통해 10번의 물물교환을 하면서 원하는 것을 끌어당기는 데 성공한 것입니다.

단지 '끌어당김의 법칙'의 힘만 믿고 고급 포르셰 승용차가 생기기만 기다렸다고 한다면 이와 같은 기적적인 일은 결코 발생하지 않았을 것입니다. 소년은 영감의 힘을 활용하기 위해 '어떻게 하면 고급 포르셰 승용차를 가질 수 있을까?'라고 질문했습니다. 소년에게 '끌어당김의 법칙'의 힘으로 행운의 선물인 중고 휴대전화가 주어졌고, 이것은 곧 이어 '물물교환을 하라'는 영감의 실마리가 되었습니다. 그 후 10번의 '끌어당김의 법칙'의 힘이 작용한 결과, 마침내 원하는 승용차를 얻게 된 것입니다.

꿈을 이루는 과정은 몰라도 상관없습니다. 꿈을 꾸면서 두 번째 질문을 하십시오. 해결하기 불가능한 것처럼 보이는 문제에 직면했을 때에도 두 번째 질문을 하십시오. 얼마 안 있어 어떻게 해결할 수 있는지에 대한 영감이 주어질 것입니다.

3. "이제 내가 뭘 하면 좋을까?"

어떤 일을 행할 때 우리는 그 일의 시작과 끝이 어떻게 진행될지 모든 것을 알아야 그 일을 행할 힘을 내는 경향이 있습니다. 그런데 우리가 꾸는 많은 꿈들은 우리가 처음 경험하는 것이라는 사실입니다. 어느 누구도 처음 경험하는 꿈을 처음부터 끝까지 어떻게 이루어질지 미리 알 수 없다는 것입니다.

그것은 마치 차를 몰고 야간 주행하는 것과 같습니다. 헤드라이트가 없다면 당신은 그 어두컴컴한 길을 결코 운전할 수 없을 것입니다. 다행히 차에는 헤드라이트가 있어서 당신은 칠흑 같은 밤에도 원하는 곳은 어디든지 운전해 갈 수 있습니다.

하지만 낮에 운전하는 것과는 달리 밤에 운전할 때는 당신이 원하는 것을 모두 볼 수 있도록 시야가 밝혀져 있지 않습니다. 헤드라이트가 고작해야 100미터 앞까지만 비추기 때문에 우리가 원하는 만큼 다 볼 수는 없습니다. 그러니 밤길을 여행할 때는 100미터 앞까지만 보고 운전하는 것에 익숙해져야 합니다.

우리는 도착해야 할 목적지를 분명히 알고 있습니다. 또한 중간 중간에 길 표지판이 있기 때문에 길을 잃을 위험이 그리 크지 않습니다. 우리에게 필요한 것은 100미터 앞만 보고 계속 운전해 가는 것입니다. 그러다 보면 결국 우리가 원하는 목적지에 도착하게 될 것입니다.

당신이 꿈의 여정에서 100미터 앞만 보고 계속 운전해가는 데 필요한 것이 바로 세 번째 질문인 "이제 내가 뭘 하면 좋을까?"입니다. 무엇이든지 처음 시작하는 일은 무엇부터 해야 할지 망설이게 됩니다. 그때 이 질문이 아주 유용할 것입니다.

첫 번째 질문에 대한 영감을 받았을 때에도 이 질문이 유용할 것입니다. 두 번째 질문에 대한 영감을 받았을 때에도 역시 이 질문이 유용할 것입니다. 세 번째 질문은 구체적인 행동을 필요로 하는 질문이기 때문입니다.

세 번째 질문은 다음과 같이 기간을 덧붙여 만들 수 있습니다. 기간이 짧을수록 점점 더 구체적인 행동이 필요할 것입니다.

"지금 당장 내가 뭘 하면 좋을까?"

"오늘 내가 뭘 하면 좋을까?"

"이번 주에 내가 뭘 하면 좋을까?"

"이번 달에 내가 뭘 하면 좋을까?"

"올해 내가 뭘 하면 좋을까?"

이러한 질문을 요긴하게 사용하십시오. 그리고 어떠한 행동이 필요할지 영감을 받으십시오. 작은 행동이어도 좋습니다. 첫걸음을 내딛는 것이 중요합니다.

이제 당신의 꿈을 이루기 위한 첫 발을 내디디십시오. 시작이 반이라는 말이 있듯이 우선 그냥 발을 내디디십시오. 그러면 그때부터 우주로부터 '끌어당기는 힘'과 '다가가게 하는 힘'이 당신에게 주어질 것입니다.

첫 번째 꿈 이야기 – 일어나서 걷기

저는 첫 돌을 맞이하기 얼마 전에 소아마비를 앓았습니다. 그 당시 소아마비는 아주 무서운 병이었습니다. 심한 경우는 목숨을 잃기도 했죠. 저는 그때 소아마비가 허리로 와서 몸을 가눌 수 없었습니다. 평생 일어나 앉지도 못하는 1급 중증장애인으로 살 수도 있는 상황이었습니다.

기억은 잘 안 나지만 아마 그때가 저의 버킷 리스트 첫 번째 항목을 작성했던 때가 아니었나 합니다. 죽기 전에 꼭 하고 싶은 것. 그것은 '일어나서 걷기'였습니다. 부모님들의 지극 정성으로 저는 그 후 얼마 안 있어 앉을 수 있었고, 기어다니기까지 하였습니다. 양손에 고무신을 끼고 기어 다녔다는데, 하루도 무릎에 피 멍이 들지 않은 날이 없었다고 합니다. 그런데도 저는 기어 다니는 것을 포기하지 않았습니다.

그렇게 시간은 3년 반이 흘렀습니다. 이제 가족을 포함해서 주위에

계신 모든 분들이 결국 제가 평생 휠체어에 의지하면서 살 수밖에 없다고 체념하고 있었습니다. 주위에서는 어느 누구도 제가 일어나 걸으리라고 기대하지 않았습니다. 그런 중에도 포기하지 않은 사람이 한 명 있었습니다. 그것은 바로 저였습니다. 그때 기적이 일어났습니다. 제가 스스로 일어난 것입니다!!!

　보통 아이들은 첫 돌이 되기 전에 걸음마를 배우는데, 저는 5살 되던 해 가을 어느 날 내 스스로 처음 일어나는 기적을 경험하였고, 그때부터 걸음마를 배우기 시작했습니다. 그때부터 넘어지고, 넘어지고, 또 넘어지기를 수없이 반복했습니다. 하지만 일어나 걸을 수 있다는 것은 얼마나 큰 축복입니까? 이것은 제 인생에서 처음으로 꿈이 실현되는 사건이었습니다.

두 번째 꿈 이야기 - 사업가 되기

　저희 아버지는 6.25 때 평안도에서 서울로 내려오셔서 자수성가하셨는데, 지금의 재활용사업으로 우리 가족을 부양하셨습니다. 제가 초등학교 5학년 때 아버지 사업장에서 우연히 보게 된 주판에 호기심을 보이자 아버지는 저를 주산학원에 보내주었습니다. 지금 기억으로 친구들하고 노는 것을 제외하고 무엇을 배우면서 시간가는 줄 몰랐던 것은 주산을 배우는 것이 처음이었습니다.

　그러던 중 어느 날 제 마음 속에 불쑥 장래 희망으로 자선 사업가가 되고 싶다는 생각이 떠올랐습니다. 왜 그런 생각이 들었는지 알 수가 없습니다. 아마 아버지가 사업을 하고 있어서 그랬을 수도 있습니다.

아무튼 자선 사업가가 되고자 하는 저의 꿈은 암암리에 제 가슴 속에 깊이 새겨졌습니다.

주산을 배운 것이 계기가 되어 저는 숫자에 대한 감각이 발달하여 중학교에 올라가서도 수학에 뛰어난 능력을 과시하며 교내 수학경시대회에서 최우수상을 받는 영광도 얻었습니다. 그 당시에는 컴퓨터가 없었던 시대이기에 학교 성적을 집계하는 것이 선생님들의 골칫거리였는데, 제 주산 실력으로 인해 저는 교내 선생님들이 즐겨 찾는 학생이기도 했습니다. 이러한 경험은 제가 신체적인 약점이 있었음에도 주변에 공부 잘하는 좋은 친구들을 사귈 수 있었고, 저의 자부심을 높여주는 계기가 되었습니다.

주산 실력은 고등학교에 올라가서도 유감없이 발휘되었습니다. 제 주산 실력을 알게 된 주산 선생님은 수업 시간에 저에게 호산을 부를 수 있는 기회를 주셨고 이것은 같은 반 친구들에게는 부러움의 시간이었습니다. 저는 또한 부기 실력도 뛰어나 전국 부기 경시대회에 참여하는 선수로 선발되어 합숙 훈련을 받은 적도 있습니다.

당시 제가 다니던 학교는 상업고등학교 중에서 국내 최고인 덕수상고였기 때문에 중간 이상만 가면 누구나가 은행에 입사할 수 있었습니다. 저는 제 성적이 상위 20%안에 들었기 때문에 은행에 들어가는 데 별 무리가 없으리라 생각하고 있었습니다. 그런데 2학년 말 담임선생님으로부터 저의 신체적인 약점 때문에 은행에는 입사할 수 없을 거라는 충격적인 말을 듣게 되었습니다.

잠시 동안의 방황이 있었지만, 이를 극복해내고 저는 3학년에 특별반으로 만들어진 전자계산반에 들어가게 되었습니다. 이를 계기로 저는 주판으로 일을 하는 은행원 대신에 대형 컴퓨터로 기업의 업무를 처리해주는 컴퓨터 프로그래머로서의 길을 걷게 되었습니다. 대기업 전산실에서 근무하는 동안 대졸 출신과의 현격한 급여 차이를 보면서 기회가 되는대로 야간에 공부를 하여 대학을 마쳤습니다. 그 후 고등학교 선배의 스카우트 제의를 받고 중소기업 소프트웨어 개발업체 개발 책임자로 자리를 옮겼습니다.

하지만 회사를 옮긴 지 1년쯤 되었을 때 경영상의 어려움으로 회사가 부도를 맞게 되었고, 개발 책임자였던 제가 먼저 회사에서 물러나게 되었습니다. 다른 회사로 이직을 망설이고 있을 때 갑자기 제 어렸을 때의 꿈이 되살아났습니다. 사업가가 되는 꿈. 어쩔 수 없는 상황으로 회사에서 물러나게 된 불운이 어렸을 때 꿈꿨던 사업가의 길을 걷게 해준 것이죠.

세 번째 꿈 이야기 - 책 저술하기

사업가의 길이 그렇게 순탄하지는 않았지만, 우여곡절 끝에 저는 저의 회사를 무역자동화 소프트웨어 분야에서 1위 업체로 키우는 데 성공했습니다. 그리고 사업을 하는 중에도 저는 야간에 대학원을 다니며 석사과정을 수료할 수 있었습니다. 하지만 공부를 계속해가는 중에 마음한 구석에서 과연 이 사업이 내가 진정으로 좋아하는 일인가라는 의구심이 싹트기 시작했습니다.

그 당시 사업은 안정적인 궤도에 올라서 있어 가족을 부양하는 데는 문제가 없었습니다. 하지만, 제가 하는 IT 사업 분야는 기술이 끊임없이 발전하고 있었고, 이에 대응하면서 사업을 발전시켜 가는 것이 나이가 들면 들수록 점점 더 어려워질 것이라는 생각이 들었습니다. 이때가 제 자신을 한 번 돌아보는 좋은 기회가 되었습니다.

제가 오래 전부터 주변의 사람들로부터 들은 칭찬 중에는 "목소리가 성우 같다", "사람들이 이해하기 쉽도록 잘 가르친다", "말을 조리 있게 잘 한다"라는 것이었습니다. 실제로 제가 교회에서 봉사하면서 가르치거나, 상담하는 일을 할 때 대단히 열의를 발휘하는 제 자신을 발견하곤 했습니다. 하지만 저는 이러한 칭찬들을 제가 지닌 제 2의 재능으로만 생각하고 있었습니다.

그러던 이 제 2의 재능이 제 마음의 수면으로 떠오르기 시작했습니다. 저는 인생의 제 2막을 제가 새로이 깨달은 재능이면서 또한 제가 진정으로 좋아하는 '가르치는 능력'을 발휘하면서 살고 싶다는 간절한 꿈이 생겼습니다. 그래서 기존의 사업을 다른 사람에게 넘기고 일반 대중 워크숍이나 기업체의 직원들을 대상으로 하는 워크숍을 하는 교육 사업에 뛰어들었습니다. 하지만 결과는 참담한 실패였습니다.

그 당시 산업 교육 분야는 우리 국내뿐만 아니라 전세계적으로 그 시장이 계속 확장되고 있는 추세였습니다. 저는 IT 사업 분야에서 성공했었던 것처럼 산업 교육 분야에서도 어떻게든 성공하고 싶었습니다. 그렇게 해서 방법을 찾아보던 중에 저의 처지에서 이 분야를 뚫고 들어갈 수 있는 여지가 보였습니다. 그것은 책을 저술하는 것이었습니다. 책을 잘 저술하기만 하면 그 책의 컨텐츠를 기반으로 하여 많은 저자들이 산업 교육 분야에서 떠오르는 강사가 되고 있었습니다.

그래서 저도 책 저술에 도전하였습니다. 그 길은 험난하였지만 저의 꿈을 이룰 수 있으려면 그 당시 이 방법 외에는 없다는 절박한 생각이 었습니다. 5년 동안 몇 번의 실패를 거듭하면서 결국 책 출간을 할 수 있도록 출판사의 인정을 받을 수 있는 기대되는 컨텐츠를 저술할 수 있 었습니다. 그리고 이제 마침내 책 출간을 앞두고 있습니다.

나는 지금도 어린애처럼 꿈꾸고 있습니다

죽고 싶어도 자살이 아니면 쉽게 죽지도 못하는 이 축복받은 100세 시대에 점점 더 많은 사람들이 꿈을 잃어버린 삶을 살고 있습니다. 10 대들은 입시 준비하느라, 20대들은 취업 준비하느라, 30대들은 결혼하 여 안정된 삶을 준비하느라, 40~50대들은 자녀들 뒷바라지는 해야 되 는데 언제 닥칠지 모르는 실직에 노심초사하느라, 이렇게 다들 바쁘다 면서 끊임없이 쫓기면서 살고 있습니다. 잠시 멈추어 서서 자기를 돌아 볼 수 있는 시간을 가지면 언제든지 가슴 설레는, 아름답고 충만한 삶 을 꿈꿀 수 있는데도 말입니다.

에이 엘 윌리암스는 다음과 같이 말했습니다.

"모든 아이들은 '내가 어른이 되면'이라는 놀이를 합니다. 그들의 생 각은 가능성으로 가득 차 있습니다. 그들의 생각은 마음에서 만들 수 있는 가장 큰 꿈을 꾸는 데 있어 자유롭습니다. 그들은 장애물에 대해 서는 알지 못합니다. 그들은 단지 욕구에 대해서만 압니다. 여러분은 다시 어린애들처럼 꿈꾸는 능력을 가져야 합니다."

그렇습니다. 우리는 모두 어린애처럼 꿈꿀 필요가 있습니다.
저도 마음을 고쳐먹기로 했습니다.

과거 어느 때에도 꿈꿔보지 못했던 많은 꿈을 꾸기로,
또 어린애처럼 거대하고 담대한 꿈을 꾸며 세상을 가지고 놀기로,
꿈만장자의 빅 드림 스킬을 활용하여.

드림밀리어네어 커뮤니티 소개

네이버 카페 드림밀리어네어

http://cafe.naver.com/dream100man

네이버 카페 드림밀리어네어는 꿈 실현을 주제로 한 종합 커뮤니티를 꿈꾸고 있습니다.

글로벌꿈실현연구소 이형구 소장과 독자 여러분이 보다 가까이에서 소통할 수 있는 이야기장으로, 꿈만장자의 삶에 호기심을 갖게 된 많은 분들에게 양질의 정보를 제공하고, 나아가 서로의 꿈을 공유하고 독려할 수 있는 공간으로 자리 잡기를 기대합니다.

＊ 지면의 제약으로 이 책에 수록하지 못한 양질의 정보는 카페에 올려두었습니다. 다양한 보물지도 활용 사례, 버킷 리스트 문서 양식, 보물지도를 제작할 때 유용한 어플리케이션 소개와 상세한 사용법, 꿈 관련 명언 등 다양한 게시판을 마련하여 양질의 정보를 지속적으로 제공할 것입니다.

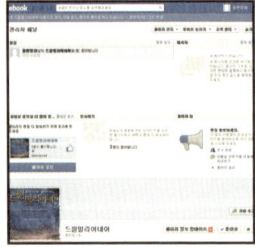

페이스북 페이지 드림밀리어네어

https://www.facebook.com/Dream100man

드림밀리어네어 카페의 중요 소식들을 전하고, 좋은 메시지가 담겨 있는 꿈 관련 명언들을 꾸준히 올릴 예정입니다.

꿈 실현 도구
활용의 예

위의 QR코드를 활용하시면 드림밀리어네어 커뮤니티,
〈네이버 카페〉와 〈페이스북 페이지〉로 이동할 수 있습니다.
그중 〈드림밀리어네어 네이버 카페〉를 방문하시면
더 많은 보물지도 활용사례 및 유용한 정보를 열람할 수 있습니다.

꿈 실현 도구 활용 예 1 – 김윤아의 버킷 리스트

번호	작성일	분류	내 용	제약	보물	기한	시작일	달성일
1	2002	배움	과학경진대회 우수상 수상					V
2	2008.1.1	성취	광고홍보학과 입학하기					V
3	2013.1.20	모험	호감가는 남자에게 먼저 대시하기	V				V
4	2013.3.2	성취	벼락치기 말고, 꾸준히 공부해서 장학금 타기					V
5	2013.6.10	성취	거품목욕 하기			2013.8		
6	2013.6.12	직업	사전 정보 꼼꼼하게 수집해서 A기업 인턴사원 되기	V		2014.12	2013.6.15	
7	2013.6.12	성취	공모전에 참여해서 3위권 안에 들기			2014.12	2013.6.28	
8	2013.6.12	성취	A기업 신입사원 되기	V		2015.2		
9	2013.4.1	여행	미국에서 열린 비욘세 콘서트 가기			2015.12		
10	2013.5.3	여행	운동 열심히 해서 비키니 입고 해수욕장 가기			2015.12		
11	2013.5.8	기타	학자금 대출 모두 상환하기			2017.12		
12	2013.6.21	성취	마음에 드는 책 초판으로 100권 모으기			2018.12	2013.6.21	
13	2013.5.8	성취	독립해서 내 집 꾸미기	V	V	2020.12		
14	2013.7.1	풍요	절약해서 빨간 색 내 차 갖기			2020.12		
15	2013.8.10	가족	부모님 결혼식 30주년에 해외여행 보내드리기			2021.10		
16	2013.8.21	여행	캐나다 오로라 투어가기	V	V	2025.12		

:: 김윤아의 버킷 리스트 보물지도 ::

거품 목욕하기　A기업 인턴사원 되기　공모전 3위 안에 들기

A기업
신입사원 되기　미국에서 열린
비욘세 콘서트 가기　비키니 입고
해수욕장 가기

학자금 대출
모두 상환하기　마음에 드는 책,
초판으로 100권 모으기　독립해서
내 집 꾸미기

절약해서 빨간 색
내 차 갖기　부모님 결혼식 30주년에
해외여행 보내드리기　캐나다 오로라투어 가기

간절히 구하면 이루어진다!

꿈 실현 도구 활용 예 2 – 이종혁의 버킷 리스트

번호	작성일	분류	내 용	제약	보물	기한	시작일	달성일
1	1993.1	배움	태권도 검은 띠 따기					V
2	2000.1.1	배움	미국으로 어학연수 가기					V
3	2004.6.1	가족	사랑하는 여자친구와 1년 넘게 연애하다가 32살 되기 전에 결혼하기					V
4	2013.7.1	봉사	장기기증 신청하기	V				V
5	2013.7.1	취미	아버지한테 낚시 배우기			2013.12		
6	2012.9.20	취미	'먼지가 되어' 기타로 연주하기			2014.12	2012.10	
7	2013.7.3	여행	2014브라질월드컵 현지에 가서 응원하기			2014.7	2013.7	
8	2013.3.1	모험	동호회 통해서 하프 마라톤 도전하기	V		2015.6	2013.3.1	
9	2013.7.3	성취	100가지 브랜드의 맥주 마시기			2015.6	2013.7.3	
10	2013.6.27	성취	역사소설 100권 읽기			2015.12	2013.6.27	
11	2013.8.1	성취	목공 배워서 내 책상 직접 만들기			2020.6		
12	2013.6.1	성취	사업 종잣돈 5억 마련하기	V	V	2020.12		
13	2013.6.1	풍요	저축해서 40평대 집으로 이사가기	V	V	2025.12	2013.6.1	
14	2013.8.10	풍요	캠핑카 사기	V		2030.12		
15	2013.4.1	건강	나의 건강을 위해 담배 끊기	V		평생	2013.4.1	
16	2013.4.20	가족	가족들에게 사랑한다는 말 자주 하기			평생	2013.4.30	

:: 이종혁의 버킷 리스트 보물지도 ::

아버지한테
낚시 배우기

'먼지가 되어'
기타 연주하기

2014 브라질월드컵
현지 가서 응원하기

동호회 통해서
하프 마라톤 도전하기

100가지 브랜드의
맥주 마시기

역사소설
100권 읽기

목공 배워서
내 책상 직접 만들기

사업 종잣돈
5억 이상 모으기

저축해서 40평대
집으로 이사가기

캠핑카 사기

나의 건강을 위해
담배 끊기

가족들에게 사랑한다는
말 자주하기

간절히 구하면 이루어진다!

꿈 실현 도구 활용 예 3 – 워너비

버킷 리스트

세계적인 보디빌더 되기

자성예언

1. 나는 내 몸을 얼마든지 원하는 모양으로 만들 수 있다.

2. 나는 레드 파크 같은 멋진 근육질 몸매를 만든다.

3. 나는 1967년까지 세계적인 보디빌더가 된다.

4. 나는 그 후에 할리우드 액션스타가 된다.

시각화 플롯

1. 미스터 유니버스 대회에 나가 1등 수상을 하고 기뻐하는 장면

2. 멘토 레그 파크의 우람하고 멋진 근육질 몸매를 만들기 위해

   하드 트레이닝하는 장면

3. 다른 선수들과 차별화된 근육질 몸매를 만들기 위해 특훈을 하는 장면

4. 미스터 유니버스 대회에 나가서 넋을 잃고

   자신의 몸을 바라보고 있는 사람들 앞에서 유감없이 실력을 과시하는 장면

5. 할리우드 영화제작자로부터 액션영화 출연 교섭을 받고,

   이미 오래전부터 기다려왔다는 듯이 기뻐하며 출연 계약을 하는 장면

6. 광고 및 영화 출연으로 대저택을 구입하여 재정적인 풍요를 누리는 장면

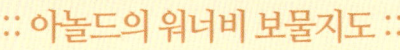

:: 아놀드의 워너비 보물지도 ::

나는 1967년까지 세계적인 보디빌더가 된다

마침내 내가 해냈어!
정말 기뻐!

나도 저런 우람한 근육질 몸
매를 꼭 갖고 말거야!

그래, 남들과 다른
나만의 몸을 만들어야지

와! 넋을 잃고 내 몸을 보는
저 많은 사람들 좀 봐

오래전부터
연락 오기를 기다렸어요!

광고와 영화 출연으로 이렇게
좋은 집에서 살게 되다니!

다 이루어져서 감사합니다!!!

꿈 실현 도구 활용 예 4 - 공부

버킷 리스트

공부 성적 5등 올리기

자성예언

1. 나는 만화책을 읽듯이 재미있게 공부한다.

2. 나는 한번 보고 들은 것은 기억 속에 새겨진다.

3. 나는 시험에 나올 적중 문제를 찾기 위해 수업에 집중한다.

4. 나는 이번 기말고사 때 등수를 5등 이상 올린다.

시각화 플롯

1. 원하는 점수나 등수가 적힌 성적표를 보고 날듯이 기뻐하는 장면

2. 학교 책을 읽을 때 만화책이나 무협지를 읽듯이 재미있게 읽는 장면

3. 책을 읽는데 그 내용이 눈에 선명하게 들어오고,

   수업 시간에 선생님의 말씀을 듣는데 이전과는 달리 귀에 쏙쏙 들어와

   머릿속에 깊이 새겨지는 것을 신기해하는 장면

4. 어느 내용이 시험에 나올 것인지 적중문제를 찾기 위해

   눈에 불을 켜고 수업에 집중하는 장면

5. 기말고사 시험지를 받아 들고 문제들을 쭉 살펴보는 동안 그동안 준비한

   내용들이 모두 눈에 들어오면서 만면에 미소를 띠고 흐뭇해하는 장면

6. 시험 성적표를 보고 등수가 많이 올랐다고 부모님이 칭찬의 말을 해주는

   장면

:: '공부' 보물지도 ::

나는 이번 기말고사에서 등수를 5등 이상 올린다

등수가 5등이나 올랐어!

아니, 학교 책이
만화책처럼 술술 읽히네!!

어느 게 시험에 나올까?
수업 집중!

책 내용이 눈에 선명하게,
선생님 말씀이 귀에 쏙쏙!
다 기억하겠네!!

왜! 공부한 게
시험에 다 나왔어!

GREAT JOB!

부모님한테 칭찬도 받고
정말 기뻐!!

다 이루어져서 감사합니다!!!

꿈 실현 도구 활용 예 5 – 취업

버킷 리스트

W회사에 취업하기

자성예언

1. 나는 W회사에서 꼭 필요한 인재다.

2. 나는 면접 질문에 마음의 여유를 갖고 당당히 대답한다.

3. 나는 면접관을 사로잡는 매력이 있다.

4. 나는 2014년에 W회사에 취직한다.

시각화 플롯

1. 설레는 마음으로 W회사에 첫 출근하는 장면

2. 회사에서 꼭 필요한 인재 상에 맞게 자신을 준비하는 장면

3. 편안하고 침착한 태도로 자신의 의견을 당당하게 말하면서 면접하는 장면

4. 회사에서 꼭 필요한 인재임을 강조할 때 면접관들이 만족스러운
   웃음을 짓는 장면

5. 지망한 직장으로부터 합격 통보를 받고 환호를 지르는 장면

6. 가족과 친구들이 합격을 축하해주면서 함께 기뻐해주는 장면

:: '취업' 보물지도 ::

나는 2014년까지 W회사에 취업한다

W사의
인재상
역발상&저돌적인 추진력

왜! 드디어 원하던 회사에
출근하게 되다니!

난 회사에 꼭 필요한
'준비된 인재'야!

무엇이든 물어보라고!
난 이미 준비됐어!!!

어, 면접관들이
내 대답에 만족했나?
다들 흐뭇하게 웃고 있네.

야호! 합격이다!!!

와우! 친구들의 축하
고마워!!!

다 이루어주셔서 감사합니다!!!

꿈 실현 도구 활용 예 6 - 결혼

버킷 리스트

48kg 이하의 날씬한 몸매 만들기

자성예언

1. 우리 집안에서는 나만 특별하다.

2. 나는 다이어트 음식과 규칙적인 운동을 즐긴다.

3. 나는 2015년까지 48kg 이하의 날씬한 몸매를 만든다.

4. 사람들이 내 몸매를 보면 부러워한다.

시각화 플롯

1. 거울 속에 비친 48kg 이하의 날씬해진 자신의 몸매를 보며,

   스스로도 너무 마음에 들어 만족스러운 웃음을 짓는 장면

2. 다이어트 음식을 맛있게 즐기면서 먹는 장면

3. 비지땀을 흘리며 운동을 즐기면서 살이 빠져 있는 장면

4. 날씬한 자신의 모습에 반해 주변의 남성들이 쳐다보는 장면

5. 날씬해진 자신의 몸매를 보고 친구들이 놀라며 부럽다고 말하는 장면

6. 자신이 바라던 잘 생기고 멋진 남성과 데이트하는 장면

:: '다이어트' 보물지도 ::

나는 2015년까지 48kg이하의 날씬한 몸매를 만든다

왜! 48kg가 되니
옷이 태가 나네!

다이어트 음식이
효과가 있네

비지땀 흘리며
운동한 보람이 있구나!

아니, 남자들은 왜
자꾸 나만 바라보는 거야!

친구들이 다들
내 모습을 보고 놀라워했어.

이게 꿈이야 생시야!
이상형과 데이트를 하다니!

다 이루어져서 감사합니다!!!

꿈 실현 도구 활용 예 7 - 결혼

버킷 리스트

이상적인 배우자 만나 결혼하기

자성예언

1. 나는 원하는 배우자를 맞이할 충분한 매력이 있다.

2. 이상적인 배우자가 나를 찾아오고 있다.

3. 나는 2016년까지 이상적인 배우자를 만나 결혼한다.

4. 나는 결혼 후에도 회사에서 승진하여 최초의 여성 임원이 된다.

시각화 플롯

1. 아주 잘 생긴 남자를 만나 데이트 하는 장면

2. 예쁜 꽃다발을 선물로 받고 기뻐하는 장면

3. 다이아몬드 반지를 선물로 받고 황홀해 하는 장면

4. 멋진 턱시도를 차려 입은 그 남자와 순백색의 웨딩드레스를 입고
   행복한 결혼식을 올리는 장면

5. 눈이 부실 정도로 푸른 카리브 해의 섬에서 배우자와 함께
   신혼여행의 단꿈을 꾸는 장면

6. 우아한 고급 가구들로 꾸며진 아름다운 새 집으로 이사하여
   행복한 결혼생활을 즐기는 장면

7. 결혼 후 승진하여 회사의 첫 번째 여성 인사담당 부사장이 된 장면

꿈 실현 도구 활용 예 8 – 세일즈

버킷 리스트

세일즈로 매달 1,000만 원 벌기

자성예언

1. 나는 조 지라드와 같은 No.1 세일즈맨이다.

2. 나는 사람들을 만나는 게 즐겁다.

3. 소개로 고객을 만나느라 나는 항상 바쁘다.

4. 나는 2018년부터 세일즈로 매달 1,000만 원 이상을 번다.

시각화 플롯

1. 매달 1,000만 원 이상이 꼬박꼬박 통장에 입금된 것을 보고

    흐뭇한 미소를 짓는 장면

2. 조 지라드와 같은 최고의 프로 세일즈맨처럼

    고객이 한눈에 반할 정도로 준비가 되어 있는 장면

3. 잠재고객과 만나 쉽게 친해지고 즐겁게 대화를 나누는 장면

4. 기존 고객이 전화를 걸어서 새로운 고객을 소개해주고,

    소개 받은 고객에게 전화를 해 약속을 잡고, 그 약속 스케줄에 따라

    하루 종일 바쁘게 새로운 고객들을 만나러 다니는 장면

5. 소개 받은 고객들과 만난 후 계약까지 맺고 기뻐 날뛰는 장면

6. 오랫 동안 기다려 온 새 아파트로 이사가며 가족 모두가 기뻐하는 장면

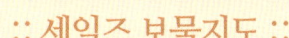

:: 세일즈 보물지도 ::

나는 2017년부터 세일즈로 매달 1,000만 원 이상 번다

거 래 일	내 용	찾으신금액	말기신금액	남 은 금 액
20121110	인터넷		11,500,000	₩25,000,000
20121210	인터넷		10,500,000	₩35,500,000

거래하신 내용(예금 및 대출)

왜! 이번 달에도 통장에 1,000만 원이 넘게 들어왔네.

난 최고의
프로세일즈맨!

고객과 만나
대화하는 것이 기뻐

소개해 준 분들만
만나는데도
이렇게 바쁠 수가

야호!
오늘도 한 건 올렸다!

드디어 꿈에 그리던
아파트로 이사 간다!

다 이루어져서 감사합니다!!!

꿈 실현 도구 활용 예 9 - 부

버킷 리스트

순 재산 10억 모아 백만장자 되기

자성예언

1. 나는 돈 버는 일이 신난다.

2. 나는 돈을 자석처럼 끌어당긴다.

3. 나는 내 재산을 아주 현명하게 사용한다.

4. 나는 2020년까지 순 재산 10억 이상을 모은다.

시각화 플롯

1. 마침내 통장에 입금된 잔고가 10억 원이 넘은 것을 보고

   춤출 듯이 기뻐하는 장면

2. 돈이 들어오기 위한 아이디어가 샘솟듯이 떠오르는 장면

3. 아이디어를 실행하자 내 몸이 마치 자석인양

   돈이 내게 마구 달라붙는 장면

4. 예산을 세워 현명하게 재정을 관리하는 장면

5. 기쁜 마음으로 자선단체에 돈을 기부하는 장면

6. 신용카드 대신 현찰로 가득 찬 지갑에서

   지폐를 꺼내 음식비를 지불하는 장면

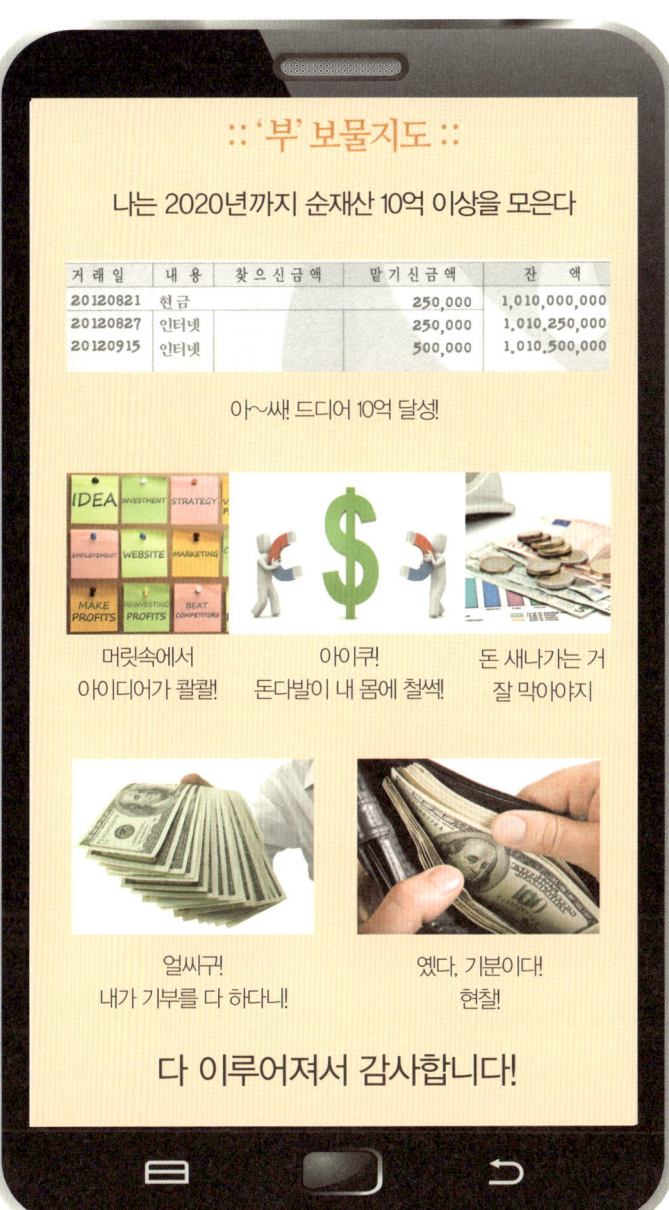

:: '부' 보물지도 ::

나는 2020년까지 순재산 10억 이상을 모은다

거 래 일	내 용	찾으신금액	맡기신금액	잔 액
20120821	현금		250,000	1,010,000,000
20120827	인터넷		250,000	1,010,250,000
20120915	인터넷		500,000	1,010,500,000

아~쌔! 드디어 10억 달성!

머릿속에서
아이디어가 콸콸!

아이쿠!
돈다발이 내 몸에 철썩!

돈 새나가는 거
잘 막아야지

얼씨구!
내가 기부를 다 하다니!

옜다, 기분이다!
현챀!

다 이루어져서 감사합니다!

꿈 실현 도구 활용 예 10 – 치유

버킷 리스트

암 치유하기

자성예언

1. 나는 완치된 암환자가 되기로 결심했다.

2. 내게는 놀라운 치유의 능력이 있다.

3. 나는 날마다 점점 더 좋아지고 있다.

4. 나를 낫게 해주셔서 감사합니다.

시각화 플롯

1. 의사로부터 암세포가 완전히 사라졌다는 말을 듣고

   기분이 좋아서 날아갈 것 같은 장면

2. 다른 완치된 암환자처럼 암에서 완전히 치유되기를 결심하는 장면

3. 적극적인 치유 활동을 통해 매일 점점 더 나아지고 있어

   기분 좋아하는 장면

4. 면역 세포가 암을 이겨서 암 덩어리가 점점 줄어들다가

   마침내 완전히 사라진 장면

5. 가족들에게 병이 완치된 소식을 전하자, 가족들이 함께 기뻐하는 장면

6. 아침에 일어나 기지개를 펴면서 하루를 활기차게 시작하는 장면

:: '치유' 보물지도 ::

그게 정말이에요?
암세포가 다 사라졌다구요?!

나는 완치되기로
결심했다

음식은 보약 먹듯이,
운동은 기분 좋게

명상으로 마음을 가볍게!
숲속을 걸으며 생기를!

건강을 되찾은
나!

많이 웃고,
많이 울어야지!
기분이 정말 좋아!

고맙다,
면역세포야!

완쾌를 축하해요!

오늘 하루도
활기차게!!!

저를 낫게 해주셔서 감사합니다!!!

🏛 드림밀리어네어 참고문헌

❖ 도서 자료

구본형, 《익숙한 것과의 결별》, 을유문화사, 2007.

김상운, 《왓칭 Watching, 신이 부리는 요술》, 정신세계사, 2011.

김승전, 《내일이 아름다운 이유》, 실천문학사, 1998.

김영세, 《이노베이터》, 랜덤하우스코리아, 2005.

김이율, 《가슴이 시키는 일》, 판테온하우스, 2010.

김인환, 《말씀을 붙들면 이긴다》, 두란노, 2008.

김태광, 《대한민국 10대 성장통, 꿈을 향한 도전》, 자유로운상상, 2010.

김태광, 《청춘아, 너만의 꿈의 지도를 그려라》, 베이직북스, 2011

노먼 빈센트 필, 《적극적 사고방식》, 세종서적, 2001.

니시다 후미오, 《된다, 된다 나는 된다》, 흐름출판, 2008.

로버트 콘클린, 《나는 내 인생의 최고 목표이다》, 문지사, 2005.

론다 번, 《시크릿》, 살림Biz, 2007.

마리사 피어, 《나는 오늘도 나를 응원한다》, 비즈니스북스, 2011.

마이클 로지에, 《끌어당김의 법칙》, 웅진윙스, 2007.

모치즈키 도시타카, 《당신의 소중한 꿈을 이루는 보물지도》, 2011

백지연, 《크리티컬 매스》, 알마, 2011

버니 S. 시겔, 《내 마음에도 운동이 필요해》, 해냄, 2006.

브라이언 트레이시, 《성공시스템》, 씨앗을뿌리는사람, 2007.

샤크, 《꿈을 이뤄주는 자기주문법》, M&K, 2005.

삭티 거웨인, 《간절히 원하면 기적처럼 이루어진다》, 해토, 2006.

손용규, 《그대의 새벽을 깨워라》, 신원문화사, 2003.

송길원, 《나를 딛고 세상을 향해 뛰어 올라라》, 한국경제신문사, 2009.

알 세쿤다, 《위대한 작은 발걸음》, 경영정신, 2008.

앤서니 라빈스, 《네 안에 잠든 거인을 깨워라》, 씨앗을 뿌리는 사람, 2008.

오츠 슈이치, 《죽을 때 후회하는 25가지》, 21세기북스, 2009.

우에니시 아키라, 《두려움 없이 간절히 원하라》, 청년정신, 2001.

유성은, 《시간관리와 자아실현》, 중앙경제평론사, 2007.

윤태익, 《간절함이 답이다》, 살림Biz, 2008.

이상주, 《이 경기장에선 내가 최고다》, 북스캔, 2006.

이재성, 《개그맨처럼 신나게 말해야 인생이 즐겁다》, 한국방송출판, 2011.

이지성, 《꿈꾸는 다락방》, 국일미디어, 2007.

장현갑, 《마음 vs 뇌》, 불광출판사, 2009.

잭 캔필드·마크 빅터 한센, 《꿈을 도둑맞은 사람들에게》, 현재, 2000.

잭 캔필드·D.D.왓킨스, 《잭 캔필드의 Key》, 이레, 2008.

정철, 《내 머리 사용법》, 리더스북, 2009.

정철, 《학교 밖 선생님365》, 리더스북, 2011.

정현주, 《천자문아! 나와라!》, 학고재, 2010.

제임스 스키너, 《당신의 꿈을 실현해 줄 성공의 9단계》, 삼양미디어, 2005.

제프 켈러, 《긍정의 힘을 믿어라》, 북플래너, 2005.

조 지라드, 《How to Sell Yourself》, Warner Books

존 고든, 《에너지 버스》, 쌤앤파커스, 2007.

존 아사라프·머레이 스미스, 《The Answer 해답》, 랜덤하우스코리아, 2008.

존 키호, 《마인드 파워》, 김영사, 2003.

차동엽, 《무지개 원리》, 위즈앤비즈, 2008.

최윤희, 《유쾌한 성공사전》, 나무생각, 2008.

파울로 코엘료, 《연금술사》, 문학동네, 2001.

한만오, 《네가 어떤 꿈을 꾸든 꿈이 너를 이끌 것이다》, 리더북스, 2010.

호아킴 데 포사다, 《마시멜로 이야기》, 한국경제신문사, 2008.

❖ 신문 기사 및 간행물

〈신동아〉, 이 남자의 특별함 – 천재 화가 파블로 피카소, 2009. 4.

〈월간중앙〉, 아홉 손가락으로 빚는 절묘한 요리 하모니, 2005. 8.

〈조선일보〉, 프랑스인보다 더 프랑스 요리 잘 만드는 한국인 요리사, 2012.12.31.

〈좋은 생각〉 1995. 12.

〈한국경제〉, '20, 30대 직장인의 '버킷리스트' 1위…세계일주'에서, 2011.11.14.

❖ 방송 영상 자료

MBC 〈성공시대〉, 150회 힐튼호텔 조리이사 박효남, 2001. 1. 21.

MBC스페셜 〈고졸인생 생존기〉, 2011. 9. 9.

영화 〈버킷리스트〉, 2008.

❖ 인터넷 자료

〈Wikipedia〉, Self-fulfilling prophecy

http://en.wikipedia.org/wiki/Self-fulfilling_prophecy

〈Creative affirmations〉, The Essential Affirmation Process

http://www.creativeaffirmations.com/affirmation-process.html

〈Creative affirmations〉, 101 Places to Put Affirmations

http://www.creativeaffirmations.com/101-places-to-put-affirmations.html

글로벌꿈실현연구소 소장 고산 **이형구**

미국 BYU 비즈니스 Entrepreneurship(기업가 정신)과 국민대 정보과학대학원에서 산업정보학을 전공하였다. 삼덕 경영 컨설팅 대표와 창조경영연구소 소장을 역임하였으며, 현재 글로벌꿈실현연구소 소장이다.

꿈은 어떻게 실현되는가 하는 의미 있는 호기심이 계기가 되어 꿈의 골격을 연구하는 전문가의 길로 들어서게 되었다. 꿈 실현을 가능케 하는 원동력과 추진력, 그리고 꿈 실현 속도를 높일 수 있는 방법은 물론 꿈으로 향하는 모든 길을 샅샅이 탐색하는 꿈 실현 전문가이다. 다년간의 연구 끝에 '비전 및 사명 선언문 작성 워크숍 콘텐츠', '시각화를 위한 3가지 보조도구', '꿈 실현 4 가지 통합도구', '제약 질문과 기적의 질문을 활용한 버킷 리스트 작성 기법' 등 다양한 콘텐츠를 개발하였으며, 이러한 콘텐츠들을 실제 사례에 적극 활용하여 그 효과를 검증한 바 있다. 꿈 실현의 작동기제를 탐구하는 연구자로서, 꿈 실현 기법을 널리 알리는 강사로서 다양한 영역에서 폭 넓은 활동을 보이고 있다.

꿈만장자의 Big Dream Skill

드림밀리어네어

초판 1쇄 펴낸 날 2013년 9월 12일

지은이 이형구
펴낸이 은보람
기 획 서정 Agency (www.seojeongcg.com)
펴낸곳 도서출판 달과소
출판등록 2010년 6월 21일 제2010-000054호
주소 우) 140-902 서울시 용산구 후암동 403-15
전화 02-752-1895 | **팩스** 02-752-1896
전자우편 book@dalgwaso.com
홈페이지 www.dalgwaso.com
찍은곳 하정문화사

정가 13,500원
ISBN 978-89-91223-56-1 [03320]

「이 도서의 국립중앙도서관 출판시도서목록(CIP)은 서지정보유통지원시스템 홈페이지
(http://seoji.nl.go.kr)와 국가자료공동목록시스템(http://www.nl.go.kr/kolisnet)에서 이
용하실 수 있습니다.(CIP제어번호: CIP2013016387)」

당신이
이 책을 다 읽고 난 순간

거대한 꿈을
이루고자 하는 열망이
활화산처럼
폭발하리라